JN261194

アールツ教授講演会録

中世末南ネーデルラント経済の軌跡
ワイン・ビールの歴史からアントウェルペン国際市場へ

エーリック・アールツ

藤井美男［監訳］

九州大学出版会

序

　2004年10月後半，九州大学経済学部の国際学術交流振興基金の招聘事業として，カトリック・レウヴェン大学 Katholieke Universiteit LEUVEN（ベルギー）のエーリック・アールツ Erik AERTS 教授をお招きし，計3度の講演会を開催した。内外各方面の御協力も仰いで実現した講演会の内容は，整理すると次のようであった。

　　第1回　日時：　10月21日（木）午前10時30分–12時
　　　　　　場所：　九州大学経済学部棟2階209演習室
　　　　　　演題：　中世後期——近世初頭ヨーロッパにおける証券取引（英語）
　　第2回　日時：　10月23日（土）午後3時–5時
　　　　　　場所：　九州大学経済学部棟2階209演習室
　　　　　　演題：　中世ヨーロッパにおけるワインとビールの消費について（仏語）
　　第3回　日時：　10月26日（火）午後3時–5時
　　　　　　場所：　九州大学文学部棟4階会議室
　　　　　　演題：　カール5世期南ネーデルラントの経済と社会（仏語）

　第1回は，訳者の担当する経済学部の講義「西洋経済史」の1コマとして受講生に聞いてもらうという企画とした。同講義では当日の数回前から「中世の世界経済」あるいは中世から近世への移行期における経済史について予備的な学習を行い，西洋経済史を初めて聴講する学生諸君への理解の一助とした。講演後提出してもらったレポートでも，多くの学生が初めての外国語による講演という良い経験について記し，しかし他方で，やはり若干難しかったという素直な感想を挙げていた。終了後手製の茶話会を催したが，私のゼミ生に加え積極的にアールツ教授と話そうという諸君も現れてくれたこ

ともあり，全体として成功だったのではないかと勝手に自賛している。

　第2回講演会は，社会経済史学会九州部会10月例会との共催というオープンな形で行われた(ただし3回とも参加は広く自由としていたことは強調しておきたい)。そのため，専門を異にする出席者も気軽に聴講できる内容をと考え，アールツ教授が御専門(後述)のワインとビールの歴史について語ってもらうことになった。期待したよりは若干少なめの参加者数ではあったのだが，講演会とその後の懇親会いずれも和気藹々としかし実り多い対話を実現できたように思う。

　第3回は，九州大学文学部の西洋史学教室との共催で，場所も文学部に移し，比較的専門の近い方々を対象に，神聖ローマ皇帝カール5世期の経済について広範な分野にまたがる内容を語って頂いた。講演後の質疑応答も含め，必ずしも経済史を専攻としておられない参加者とともに極めて活発で有意義な締めくくりの会となったと信じている。引き続きの懇親会ではまさに談論風発，後述する通りアールツ先生とは長いおつきあいをして頂いているが，あれほど闊達自在かつ楽しげに話をする姿を見たのは初めてであった。御本人も十二分に満足されたに違いない。

　都合3度の講演会に参加してくださった皆様，とりわけ西洋史学教室での共催を快く引き受けてくださった，九州大学人文科学研究院の神寳秀夫，岡崎敦両先生ならびに当日万端の準備を引き受けて円滑な運営に助力頂いた助手の小山啓子さんと学生の皆さん，そして逐一お名前を挙げることはできないが，社会経済史学会九州部会の会員の方々と訳者の所属する本学経済学研究院の同僚・先輩諸氏そして我がゼミの諸君には，この場を借りて厚く御礼申し上げる。

＊　＊　＊

　さて，アールツ先生来福前の数ヵ月，招聘と講演会の準備をする中で，講演の仕方について色々と悩んだ末，先生に外国語でお話し願うだけでは，特に学生諸君にとって不満足な結果となるだろうと思い，すべての講演で並行して通訳を行うという方式を採用することにした。しかし他方で，逐次邦訳を加えるという仕方では，時間が限られていることもあり，いずれも元の原

序　　　　　　　　　　　　　　　　　　　iii

稿から相当量の割愛を余儀なくされるということにもなってしまった。事前に元原稿を一部の方々には配布していた。それを見られた方は当日省略部分の多さに驚かれたかも知れない。実際3つの原稿はいずれもほぼ完全な論文としての高い完成度をもっていたのである。そこで，アールツ先生に福岡の地でお目にかかった際，講演会終了後翻訳集刊行はどうだろうと打診をしたところ，快諾をして頂けた。これが今回翻訳を出す運びとなった経緯である。当日直接語られなかった部分も含め，多くの方に全体を読んでもらえるようになったことは，訳者としても大きな喜びである。

　本翻訳集では，3論文の内容を重視して講演会での順列とは異なる配置を行った。また，趣旨を変えないことは当然であるが，なるべく読み易い文章となるよう工夫を凝らした。その意味ではかなりの意訳となった部分もあることをお断りしておく。以下簡単にそれぞれの概要を記すと以下のようである。

　第 I 章「中世ヨーロッパにおけるワインとビールの消費について——連通管的関係か——」では，中世初期に遡るヨーロッパのビール飲用において，当初芳香剤（グルイト）を使用したセルヴォワーズと言われる飲料が一般的であったこと，12世紀北部ドイツに始まるホップの添加が，14世紀前半から南ネーデルラントへ次第に浸透していくこと，他方でネーデルラントではワインの飲用が次第に低下することを論じる。そして中世後期以降ホップビールの拡大の原因として，風味などその新奇性もあり得るものの，同時代の人口・穀価減少に由来するビール価格の低下こそが最大の要因であることを強調し，ビールの歴史研究における経済史の復権を結論する。

　第 II 章「中世後期—近世初期ヨーロッパにおける為替取引——南ネーデルラント起源の方法と概念について——」では，「中世の世界経済」で一大結節点となるシャンパーニュ大市とイタリア商業・金融業とを見据えながら，当時の国際市場ブリュッヘ出自のブールス一族に端を発する為替業務の展開と終焉，アントウェルペン商業の勃興と金融市場の台頭を詳細に叙述する。そして，イタリアに起源を持つ証券取扱業と金融技術とが，中世のブリュッヘから近世のアントウェルペンにおいて確立し，それがアムステルダムではなくロンドンへと継受される事実を指摘しつつ，イングランドにおける近代的銀行業の展望を最後に示す。

第III章「カール5世期ネーデルラントの経済と社会」は，第II章と踵を接する時代背景と内実を孕みながら，それらをより一般的な議論として展開したものである。すなわちまず，濃淡を含みつつ進行する16世紀南ネーデルラントの人口と農業・農村工業の力強い成長，都市工業のアントウェルペンを主要市場とした新規奢侈的輸出産業の伸張，最大10万人に達する都市アントウェルペンでの国際金融市場の確立，が主たる軸心をなす。しかし他方，成長の陰で地理的な経済格差や貧富の差が進展することを指摘し，貨幣経済浸透の過大評価を戒める。そして，カール5世期の半世紀余りの繁栄を限定的に捉えつつ，中世から近世への連続的視点の一部を提示する。

本書末尾の著者略歴・主要業績からも分かる通り，アールツ先生の学位論文は『1400年から1800年までのリール市（ベルギー）のビール醸造業史』という浩瀚なもので，現在なお未刊行なのが残念である。また，修士論文は『15世紀ブラバント公領における総財務長官制』であるから，先生のこれまでの研究の幅と時代射程が飛び抜けて広いことも明らかであろう。先般の講演会および本翻訳集では，その史学史的蓄積の一端を披露してもらったに過ぎない。

＊
＊　＊

思えば訳者が最初にアールツ先生にお目にかかったのは，九州大学経済学研究科の修士課程へ進学した直後，1980年夏ブリュッセル空港でのことであった。爾来，ほぼ四半世紀に亘り厚い交誼を結んでもらっている。講演会の冒頭で我々二人の交流がそれほど長い年月になるのだ，ということを強調された時，隣でそれを通訳しながらも感慨深いものがあった。当方はその後幾度かベルギーへ赴き先生にお目にかかる機会を得ていた。その折にアールツ先生は，御自分の担当する授業でいわゆる欧米経済史を講じるだけでは不十分で，より広い経済史的知見を学生と共有する必要があるとしばしば述べられていた。実際，日本の江戸や明治期について熱心に勉強をなさっていて，しばしば専門外の訳者に対して質問をしてこられるほどであった。そのため，一度日本を訪れてみたいものだと繰り返し述懐され，そのつど，機会があれば必ずお招きするとの約束をしたものだった。

当初予定した2003年秋の招聘は，お互いの日程調整がうまくゆかず延期となってしまった。しかし，1年後に年来の二人の願望を叶えることができたのは幸運だった。国際交流と言うからには，先生に講演頂くだけでなくなるべく日本を見てもらおうとの思いで，かなり稠密なスケジュールを立て，福岡内外をいろいろ御案内もした。時ならぬ台風のせいで1日だけ影響を受けはしたものの，それらをほぼ予定通り無事にこなすことができた。これまで出会った外国の歴史家は皆そうだが，アールツ先生も見聞対象に対する興味と好奇心が大変旺盛で，目を輝かせつつ歴史散策を楽しんでおられた。その姿が今も目に浮かぶ。日本列島と中国大陸・朝鮮半島の密接な古代史的関係が自分にとって新発見だった，との言葉を聞いて，案内人冥利に尽きる思いがした。台風だけでなく，先生御滞在中はあの中越地震の大被害が報じられた。台風・地震と天災に遭遇された方々の御心痛をどれほど共有できるか心許ないが，そういう意味でも忘れることができない2004年秋の出来事となったことは間違いない。

　アールツ先生は，本学へおいでになるほんの数週間前に，それまでアントウェルペン文書館長の職と兼任だったレウヴェン大学の教授職を専任で御担当されるようになった。文書館で思う存分史料と格闘できる喜びを失うことはいささか寂しそうでもあったが，福岡から御帰国後はレウヴェン大学で超の字がつくほど御多忙のようである。そのような中，本書のために改めて序文を書いてもらうことができたのは大変ありがたいことだった。近い将来，再び先生をお招きして本書の続きを編むことができれば，と早くも夢想するこの頃である。

　この度のアールツ先生講演会と本邦訳集刊行に当たっては，九州大学経済学部国際学術交流振興基金の援助を頂き，また九州大学出版会の永山俊二さんには大変お世話になった。末筆ながら，心より謝意を記したい。

監訳者記す（2004年師走の宗像にて）

＊ 本書の刊行に当たっては，平成16年度九州大学経済学部国際学術交流振興基金（課題番号2004010）の助成を受けた。

日本語版への序文

　本書に収められた3篇の論文をお目にかけることができるのは，九州大学大学院経済学研究院の藤井美男氏の勧めで，南ネーデルラント経済史の幾つか重要な論点について九州大学で講演をしたことが直接のきっかけである。この話は2003年2月に具体化し，私も大いに乗り気となって講演用の原稿執筆に取りかかった。そして，若干の日程調整があったものの2004年10月後半に，楽しくかつ好奇心を満足させてくれる2週間ほどの日々を福岡で過ごすこととなった。言の葉は移ろいやすく，記されたものは自らをとどめる，という。当初から私と藤井氏は，なるべく記憶に残るような講演会を実現しようと試み，そのためにも，事前に準備された日本語訳のテキストを小さくとも1つの書物に取りまとめようと考えていた。こうして我々のささやかな努力は実を結んだ。

　地理的な面からいうと本書が対象とするのは南ネーデルラントである。それはリエージュ州を除いた現ベルギー諸地方を含み，歴史的な意味あいから措定される地域全体を包んでいる。地球儀の上でこの地域を指し示すのは難しいだろう。というのもヨーロッパの中でそれはとても小さな点でしかないからだ。しかしながら，大部の歴史書でベルギーを見つけるのは容易い。なぜならヨーロッパ史の中で最も輝かしい数葉のページがそこについて割かれているからである。既に中世盛期には，この地域は高度の都市化現象と先進的かつ集約的な農業という経済的側面を見せていた。北海に近く，商取引の交差点に位置するという地理的な好条件のおかげで，遠隔地および地域間の交易が栄え，ブリュッヘやアントウェルペンという国際的な巨大商都が誕生したのである。工業的な色彩を強く帯びた農村地帯や多数の都市において，稠密かつおびただしい数の人々が住み，彼らは高みに達した工芸品製造に少

なからぬ投資を行っていた。今ではそうした営みは世界の文化として継承されている。都市の内側ではまた，洗練された金融技術も多く発達したのであった。

本書所収の論文は，全体として中世から16世紀までの時代を扱っている。これは，南ネーデルラントの歴史で最も目覚しかった時代としてしばしば刻まれる時期である。というのも，時計塔，組鐘楼あるいはゴチック様式の大聖堂を誇る都市共同体が発展の極みを示して，そこで生産された優美で高級な毛織物製品が，ヨーロッパのみならず北アフリカや中東を席巻し，また，初期フランドル派の絵画と至高ともいうべきブルゴーニュ音楽のポリフォニーなど，眩いばかりの芸術もこの時絶頂期を迎えたからである。長く続いたこの繁栄はしかし，16世紀末突然終わりを告げる。スペイン支配に対する激烈な反乱とそれに続く内乱，そしてそれらはネーデルラントの諸邦を南と北に分かつこととなる。北部は連合共和国——現在のオランダ——となり，政治経済において強大な力を持つヨーロッパの一国として勇名を馳せた。だが南部諸邦は戦乱の舞台のまま暗闇の時代を経験することとなる。

南部ネーデルラントの経済と社会それぞれの成長について，本書では3つの異なる論題を選んで叙述した。第1論文は9世紀から15世紀までのビールとワインの消費を取り上げている。偉大な歴史家フェルナン・ブローデルによれば，中近世のヨーロッパはビールの地域とワインの地域とに分かれるという。私の論考では，ネーデルラントの消費者たちは両方の飲料を選んで飲むことができ，さらにビールには2つの種類，つまりセルヴォワーズあるいはホップなしのエールと，ホップを添加したいわゆるビールがあったことを明らかにした。時代とともに，後者のビールがそれ以前からのセルヴォワーズなどを次第に駆逐することになる。それと並行して，ビール消費量が急速に増大し，他方でワインの消費が減少していった。現在の世界でもビール飲みの国民として知られるベルギー人に，当時このような交替をさせた原因はしかしながら，ホップビールが普及したことにあるのではない。むしろ，価格の低下にその理由を求めるのが正しい判断である。

第2論文では，ヨーロッパ金融史においてブリュッヘとアントウェルペンとが果たした役割に焦点を当てた。中世のブリュッヘで居酒屋や宿屋を経営

していた市民たちは，多くのヨーロッパ言語に金融上重要な言葉と技術とを残した。他方，16世紀の大都市アントウェルペンは，初めて金融取引のために固有の施設を持ち，そこで為替業務を展開した。ブリュッヘ金融業というのはイタリアのそれに範を取ったものであったが，アントウェルペンのそれはむしろ独自の発展を辿り，手形の裏書と割引という近代的技術への扉を開いたのである。しかし内乱の勃発により，アントウェルペンの黄金時代と金融業の成長には終止符が打たれることになる。

　第3論文では，ベルギーの経済的発展で最も印象深い局面の1つ，つまり神聖ローマ皇帝カール5世の治世と完全に重なりあう時代の成長について概観した。そこでは，顕著な人口増加，農業生産性の急速な拡大，農村工業の力強い成長と16世紀前半アントウェルペンの劇的な伸長に牽引された商業的発展，が述べられている。ネーデルラントの歴史において，この時代ほど国際経済への関与がそれとはっきり分かるほどの仕方で成功した例は他にない。しかしその代償も同じ程度に高いものであった。国民所得の増大は所得分配の歪みをもたらし，社会的不均衡を拡大した。すべての地域でまたそれぞれの住人たちが平等に利益を享受したわけではなかったのである。16世紀には経済的発展と社会的成長とは必ずしも並行して進展したのではない。いや少なくとも，両者が緊密な仕方で関係しあっていたといえないことは確かである。

　母語とは異なる言語で3つの原稿を書き，福岡でそれらを講演し，一書にまとめる準備をするというのは，実は私にとってさほど楽な作業ではなかった。というのも，私の所属するレウヴェン大学はベルギー中最大の大学であり，その中で改革・拡充の途上にある1部局の教授職を全うするのに，時間の制約が非常に厳しかったからである。しかし幸い私の仕事は，年来の友人である藤井氏のおかげでかなり緩和された。彼は英語と仏語で書かれた原文を翻訳し，丹念に校訂してくれた。しかも，本書編集に当たって全面的に責任を引き受け，遠いベルギーの原著者と日本の出版社との橋渡しをしてくれたのである。そればかりではない。彼は九州大学を訪れた私にとって完璧なホスト役であった。彼の惜しみない助力と補佐に対し，私は感謝の念を禁じることができない。同様に，九州大学大学院経済学研究院で温かくもてな

して下さった研究院長の荻野喜弘先生に，また，人文科学研究院で講演の機会を与えてもらった，神寳秀夫，岡崎敦両先生にも厚く御礼申し上げたい。そして，講演後の討論会での助言などを通じて，私の議論をより洗練されたものにして下さった大勢の参加者の方々にも。

　私の日本での滞在はすばらしき冒険だった。原稿を執筆し，それを日本の学生諸君や研究者の方々にお話しすることは，わくわくするほどの挑戦心を刺激してくれた。最後に望むのは，私の講演内容に今や日本語で接することのできる多くの読者諸賢に，我が故国の魅力的な歴史を味わってもらうことである。

エーリック・アールツ
2004 年クリスマスの日
ベヘィネンディク(ベルギー)にて

* 本書では，脚注での文献表記を，主として原文の使用言語(第Ⅰ・第Ⅲ章フランス語，第Ⅱ章英語)に合わせた。

目　次

　序 i
　日本語版への序文 vii

第 I 章　中世ヨーロッパにおけるワインとビールの消費について
　　　　　──連通管的関係か──
　　　　　... 1
　1. 選ぶのはワインかビールか 1
　2. 大衆飲料としてのセルヴォワーズビール 3
　3. 中世の発明品：ビール 6
　4. ますます高級品となるワイン 9
　5. ワインにビールが取って代わる 12
　6. 結　論 16

第 II 章　中世後期─近世初期ヨーロッパにおける為替取引 19
　　　　　──南ネーデルラント起源の方法と概念について──
　はじめに 19
　1. ヨーロッパにおける経済的前史 19
　2. 陸路交易の衰退とブリュッヘの隆盛 21
　3. 為替の起源 25
　4. 為替業務について 29
　5. ブリュッヘの終焉 34
　6. アントウェルペン商業の勃興 37
　7. 金融市場の成長 41
　8. 商業・金融施設の建築 44
　9. アントウェルペンの影響とイタリアの遺産 47

第 III 章　カール 5 世期南ネーデルラントの経済と社会 51
は じ め に 51
1. 指標としての人口成長 52
2. 農業生産力の増大 55
3. 農村工業と都市工業 58
4. アントウェルペンが支配する交易 61
5. 購　買　力 65
6. 経済・社会的不均等 67
7. 伝統と革新 70
結　論 73

15世紀中葉のヨーロッパ

ネーデルラント主要都市図

第 I 章

中世ヨーロッパにおける
ワインとビールの消費について
―― 連通管的関係か ――

1. 選ぶのはワインかビールか

　以下で述べようとするのは，中世ヨーロッパの人々にとって日常的で，非常に身近だったことについてである。つまり，彼らが飲み物を選ぶ際，何がその基準となったかということだ。それに答えることは，文化史や心性史においては失われたその地位を，一部なりと経済史において取り戻す試みとなる。さもないと，我々は単に平板で決定論的な物質主義に陥ってしまうからである。

　さて，中世には何を飲んでいたか？　水ではもちろんなかった。14世紀ブリュッヘのある学校長はこう言っている。「家畜は水を飲み，ヒトは水で服を洗う」と[1]。理屈の上では水には何の味もない。が，飲み水には伝染病の危険がつきまとうという問題がある。「ここの水はとても悪く，汚染されている」と，1438年ネーデルラントを旅行したアンダルシアの旅行家ペロ・タフールは記している[2]。実際，17世紀に植民地からコーヒー，お茶，チョコレート（ココア）などがもたらされるまでは，飲み物といえば2種類しかなかった。一つは穀物から作られるもので，これは豊穣の女神セレスの贈り物であり，もう一つはぶどうから作られるもので，これは酒の神バッカスからの賜わりものである。つまりビールとワインだ。あのフェルナン・ブローデルは，

---

1) Van Uytven, R., *De zinnelijke Middeleeuwen*, Louvain, 1998, p. 24.
2) Jimenez de la Espada, M. (éd.), *Andanças é viajes de Pero Tafur por diversas partes del mundo avidos* (*1435–1439*), (Colección de libros españoles raros ó curiosos, 8), Madrid, 1874, p. 245.

ヨーロッパをワインとビールという 2 つの地帯に区分した。もちろん現実はさほど単純ではない。多くの地域でこれら 2 つは同時に飲用されているし，何より，時と場所，社会的階層によって両者の消費の仕方が異なるからである。そのことは，例えばロレーヌを含む北フランス，北イタリア諸地方（特にロンバルディアとピエモンテ地方），スイス，そして南ネーデルラント地方について言えることである[3]。

しばしばワインの方がビールより高級な飲み物であるとされてきたことは，わざわざ言う必要もないであろう。ぶどうの収穫量が少ないために，パリの大衆はビールしか飲んでいなかった。14 世紀後半のフランス人ドシャンという人物は，酸っぱいビールしかないせいでボヘミアを嫌っていた[4]。また，15 世紀初めある貴婦人がデフェンテルの近くディーペンヴェーンという修道院に入る際，質の悪いビールの代わりにワインの飲用を許してもらうよう願った，という事例もある[5]。1556 年 5 月イグナチウス・ロヨラは，レウヴェンのアドリアン・アドラエンセンスという修道院長に宛てた手紙の中で，神父たちには健康のためビールかさもなくば水を飲むよう助言している。この忠告の背景には，新しい修道院の僧たちは普通の生活水準を守るべきだ，という基本的な考え方がある。高価な輸入ワインを飲むことは悪徳だ，との印象が抱かれていたのだ[6]。1593 年イタリア人医師グリエルモ・グラタロリは，旅をしている間ビールを飲まされるのではないかと気をもんでいた。実際彼は，冷えた強いビールで胃と神経がやられるのではないかと恐れていたのである。パドウアからウィーンへの旅程では，人はしばしばノイスタットを過ぎると，飲み物をビールからワインへと代えている[7]。1639 年にもなお，君侯の年代

---

3) これについては，Aerts, E., *Het bier van Lier. De economische ontwikkeling van de bierindustrie in een middelgrote Brabantse stad（eind 14de–begin 19de eeuw）*（Verhandelingen van de Koninklijke Academie voor Wetenschappen, Letteren en Schone Kunsten van België. Klasse der Letteren, 58, 161), Bruxelles, 1996, p. 15 を参照のこと。

4) Van Uytven, R., *De zinnelijke Middeleeuwen*, pp. 24–26.

5) Baudet, F., *De maaltijd en de keuken in de middeleeuwen*, Leyde, 1904, p. 124.

6) Munitiz, J. A. / Endean, Ph., *Saint Ignatius of Loyola. Personal Writings*, Londres, 1996, p. 276.

7) Mączak, A., *De ontdekking van het reizen. Europa in de vroeg-moderne tijd*, Utrecht (2ᵉ impr.), 2001, p. 150, p. 408, n. 78.

記編纂者エリキウス・プテアヌスというレウヴェン大学教授は,「ワインがない時には,ビールも悪くない」と書き残しているのである[8]。

2. 大衆飲料としてのセルヴォワーズビール

北西ヨーロッパにはビール消費について端倪すべからざる伝統があり,古くはローマ人の記述に出現する。また考古学調査により,3–4世紀ガロ・ローマ期に多くの都市でビール生産を行っていたことが分かっている。カール大帝はかの『御料地令』の中で,「ビールを造る者は,それぞれの地にて良いビールを醸造せねばならない」と述べ,各所領でしかるべく醸造するよう求めている[9]。10世紀から12世紀にかけての史料をひもとくと,この種のビール,とりわけ修道院で作られたものについてより良いイメージを得ることができる[10]。文書には,各修道院でセルヴォワーズやビールの生産に関する詳細な記録があり,また男女を問わず僧たちの食事にセルヴォワーズを提供していたこともそこから判明する[11]。無数の史料が,ビール醸造目的のある農産物供給について語っている[12]。だが長いことそれが何であるか判然としていなかった。しばしば原料を意味する「マテリア」*materia* という語が多く

---

8) Dehennin, H., *Erycius Puteanus (Honorius van den Born). Sedigh Leven, Daghelycks Broodt (1639)* (Koninklijke Academie voor Nederlandse Taal- en Letterkunde. Literaire Teksteditites en bibliografieën, 1), Gand, 1999, p. 212, n° 281. 17–18世紀に関する他の史料については, Elewaut, G., Drinken, eten en overnachten in een herberg. Kleinhandelsprijs en sociale situering aan de hand van citaten van de primaire herbergfuncties in de Zuidelijke Nederlanden, 17de–18de eeuw, in *Bijdragen tot de Geschiedenis*, 72, 1989, p. 36 を見られたい。

9) Deckers, J., Recherches sur l'histoire des brasseries dans la région mosane au moyen âge, in *Le Moyen Age. Revue d'Histoire et de Philologie*, 76, 1970, p. 448, p. 451.

10) Wauters, A. (éd.), *Table chronologique des chartes et diplômes imprimés concernant l'histoire de la Belgique*, Bruxelles (C.R.H.), 1868, vol. II, p. 412 (1158), p. 780 (1183).

11) Wauters, A. (éd.), *Table chronologique des chartes*, Bruxelles, 1889, vol. VII-2, p. 1065 (mai 1279).

12) Bormans, S. / Halkin, J. (éd.), *Table chronologique des chartes et diplômes imprimés concernant l'histoire de la Belgique*, Bruxelles (C.R.H.), 1907, vol. XI-1, p. 94 (1098).

の類語とともに記され[13]，また一種の粥状の麦である「ポレンタ」 pollenta という語も使用されている[14]。より具体的なことが分かるほぼ唯一の事例が，1068 年のリエージュ司教テオドワンの許可状で，彼はウイの醸造工に，良いと思われる際にはビール製造に必要な「ピグメントゥム」 pigmentum を入手することを許している[15]。これは，染料や芳香剤となる香草の一種で，この情報によって，問題の原料が発酵を促進するものだったことが分かる[16]。この添加物を供給したり利用したりする際には，「スクトゥム」 scutum[17] や「ユスカンベ」 jus cambe[18] と称するある税を支払う必要があった。これはしばしば「麦芽絞りかす税」と誤訳されてきたものである[19]。実際にはこの税の正確な訳は一つしかなく，同時にそれは添加物の名称，つまり「グルイト税」とするべきである。フランス語にはこれにぴったりの言葉が見あたらないの

---

13) その他同時代の類語表記は以下の通りである。« maceria », « maiera », « maheria », « magaria », « maëria » 等々。Deckers, J., Gruit et droit de gruit. Aspects techniques et fiscaux de la fabrication de la bière dans la région mosane au moyen âge, in *Fédération archéologique et historique de la Belgique. Annales du XLIe congrès. Malines, 3-6-IX-1970*, Malines, 1971, vol. II, pp. 181–182; Smolders, P., Heerlijke rechten op het bier in "'t Loonsche", in *Bulletin de la Société Scientifique et Littéraire du Limbourg*, 37, 1923, p. 32; Van de Kieft, C., Monopole de vente du « gruit » (produit végétal employé dans la fabrication de la bière) et droit de ban, in *Acta Historiae Neerlandicae*, 1, 1966, p. 68. また « maiere » の訳語を当てる史家もいる。それについては前注 12 参照。

14) Van de Kieft, C., Monopole de vente, p. 68, p. 77.

15) Wauters, A. (éd.), *Table chronologique des chartes*, Bruxelles, 1885, vol. VII-1, p. 148 (1068).

16) 前注 12. また以下も見よ。Wauters, A. (éd.), *Table chronologique des chartes*, Bruxelles, 1868, vol. II, p. 62 (1112); Deckers, J., Gruit et droit de gruit, p. 186, p. 188.

17) Wauters, A. (éd.), *Table chronologique des chartes*, Bruxelles, 1866, vol. I, p. 509 (1060). もちろんこれはグルートゥム « grutum » を意味しており，デッカース (Deckers, J., Gruit et droit de gruit, p. 182) によれば，南ネーデルラント租税史の中で，この添加物がグルートゥムの名称で言及される最古のものであるという。北ネーデルラントではそれより古く 999 年に既にグルートゥムが出現している (Doorman, G., *De middeleeuwse brouwerij en de gruit*, La Haye, 1955, p. 11)。

18) Bormans, S. / Halkin, J. (éd.), *Table chronologique des chartes*, Bruxelles, 1907, vol. XI-1, p. 335 (XIIe siècle).

19) Wauters, A. (éd.), *Table chronologique des chartes*, Bruxelles, 1885, vol. VII-1, p. 148 (1068); Martens, M. (éd.), *Actes relatifs à l'administration des revenus domaniaux du duc de Brabant (1271-1408)* (C.R.H., in-8°), Bruxelles, 1943, p. 83, acte n° 31.

第 I 章　中世ヨーロッパにおけるワインとビールの消費について

だが。そもそもそれは皇帝や国王のレガリア大権に属していたものが，領邦君主の手に譲られたり，在地貴族のバン権として認められたりするようになった税である[20]。「グルイト」自体は，野菜や香料植物，湿地に生える香草などから成る混合物であった。ネーデルラント各地は言うに及ばず，他にも例えばライン渓谷，スカンディナヴィア，北フランス，バルト海地方，イギリス東部沿岸地帯などで，グルイトは乾燥植物の形で醸造時に添加された[21]。地方によってグルイトの語は様々な形を取るが[22]，南ネーデルラントではミルトが最も一般的である。ラテン語でミカーレ・ガーレといい，オランダ語ではガーゲル，英語ではスイート・ゲイル，ボグ・マートル，ドイツ語ではガーゲルという。

　ごく単純に言っても，我々が呼ぶビールというものは，一つだけではないのである。多くの著述家が，「ビーラ」*birra* や「ビール」*bière* ではなく，もったいぶって「セレヴィジア」*cerevisia*，「セルヴォワーズ」*cervoise* について語っている[23]。12世紀遍歴詩人は，ワインとビールの対比を戦争礼賛歌になぞらえ，フランドルやブラバントだけでなく，エノーやドイツの領土においてもビール王国の宣言が次のようになされていると吟じている：

　　ビールの王国，そはドイツ，エノー，ブラバント而してフランドル，
　　加えてフレデリックの統べるザクセンなり。いずれも豊穣なる国土と
　　海……[24]

---

20) Deckers, J., Gruit et droit de gruit, p. 181.
21) Unger, R., *A History of Brewing in Holland 900–1900. Economy, Technology and the State*, Leiden / Boston / Cologne, 2001, p. 12. また特に Behre, K.-E., The History of Beer Additives in Europe – A Review, in *Vegetation History and Archaeobotany*, 8, 1999, p. 37 を見よ。
22) これについては，Moulin, L., Bière, houblon et cervoise. Une étude lexicologique, in *Bulletin de l'Académie Royale de langue et de littérature françaises*, 59 / 2 (1982), p. 117; Behre, K.-E., The History of Beer Additives, p. 43, table I を見られたい。
23) これらの混同と区分とについては，Moulin, L., Bière, houblon et cervoise, pp. 135–138, および Verhulst, A./Morimoto, Y. (éd.), *Economie rurale et économie urbaine au moyen âge. Landwirtschaft und Stadtwirtschaft im Mittelalter* (Centre belge d'histoire rurale, 108), Gand/Fukuoka, 1994, p. 169 を参照せよ。
24) Bömer, A., Eine Vagantenliedersammlung des 14. Jahrhunderts in der Schlossbibliothek zu Herdringen (Kr. Arnsberg), in *Zeitschrift für Deutsches Altertum und Deutsche*

同様に，ノルマン人アンリ・ダンドランも1225年こう喝破する：

フランスはビールを遠ざけり，そはオワーズ河を越えた地，フランドルとイングランドのみにて飲まれり[25]

3. 中世の発明品：ビール[26]

現在ベルギーの酒造法では，水・モルト・ホップを原料としてそれらをアルコール発酵，つまり醸造して得られる飲料をビールと定義している。ホップは粉末・液状のものも含む[27]。中世のセルヴォワーズビールにはホップがまだ用いられていなかった。この「緑の黄金」[28]を加えるのは，ビール製造の歴史において一つの巨大な変革であった。ホップ自体は古代から知られたものだったが，長い間それは利尿剤としての医薬品あるいは野菜として利用されていたに過ぎない。8世紀後半カロリング期のポリプティックという史料の中にそうした記述が残されている[29]。J. デッカースによれば，ホップをビールに加えることがはっきりと分かるのは，12世紀になってからである[30]。だが，L. ムーランはさらに遡り，9世紀前半コルビー修道院の史料 Statuta（822

  Literatur, 49, 1908, p. 201; Manitius, M., *Geschichte der Lateinischen Literatur des Mittelalters. Vom Ausbruch des Kirchenstreites bis zum Ende des zwölften Jahrhunderts*, Munich, 1931, vol. III, pp. 944–945.

25) Heron, A. (éd.), *Oeuvres de Henri d'Andeli, trouvère normand du XIIIe siècle*, Paris, 1881, pp. 29–30. 別箇所では次のように謳われている。「まず飲むのはキプロスのワインだ。イープルのセルヴォワーズじゃないよ」（*ibid.*, p. 23）。

26) 本節は以下の研究に多くを負っている。Moulin, L., La bière, une invention médiévale, in *Manger et boire au moyen âge. Actes du colloque de Nice*（15–17 octobre 1982）(Publications de la Faculté des Lettres et Sciences Humaines de Nice. 1ère série, 27. Centre d'Études Médiévales de Nice), Nice, 1984, vol. I, pp. 13–31.

27) ビールの規定については，*Moniteur belge*（18 avril 1974），p. 5490 に依る。また以下の注釈も参照。Tulfer, J. H., *Belgische biergids met brouwerijhistoriek en brouwtechniek*, Anvers, 1986, p. 10.

28) この表現については，Sillner, L., *Das Buch vom Bier*, Munich, 1962, p. 219 を見よ。

29) Deckers, J., Recherches sur l'histoire, p. 461; Moulin, L., Bière, houblon et cervoise, p. 125.

30) Deckers, J., Recherches sur l'histoire, p. 461.

年)に幾つか言及がある,という。同様にロップ修道院に残る868年の史料 descriptio villarum の断片からも,その時代既にホップをビール製造に用いていたことが明瞭に窺える[31]。従って,デッカースが想定したよりもずっと前,1060年以前にホップ利用が遡ることは疑う余地がない[32]。

　ビール用のホップ栽培は11世紀末から北部ドイツを中心にかなり行われるようになっていたが[33],ホップ入りビールが本格的に姿を現すのは12世紀を通じてである。北ドイツでは13世紀初めに原料ホップが流通していた[34]。ブレーメンやヴィスマール,ロストック,ハンブルクといった諸都市で,この頃初めてホップビールが大規模に醸造されたのである[35]。ところが,北ドイツやバルト海諸都市は国内市場への供給ではすぐに満足できなくなった。そこでまず,海路を利用して安価に輸送できる沿岸国,人口稠密なネーデルラントが格好の輸出市場となった。こうした強い輸出圧力のもと,ホップを添加したビール生産が最初北部ネーデルラント諸都市で広まる。ドルドレヒト(1322年),ハールレム(1324年),アメルスフォールト,ゴーダ,カンペン,ユトレヒト(いずれも1325年),デルフト(1326年),レイデン(1326年),アルクマール(1333年)などで,ホップビールが次第にそれまでのグルイトビールに取って代わっていった[36]。40年ほどで南の諸地方がホラントやユトレヒト地

---

31) Moulin, L., Bière, houblon et cervoise, pp. 126-127. また,Behre, K.-E., The History of Beer Additives, p. 42 にも,「ホップが醸造に添加されるということは,修道院文書に記され,……」と述べている。

32) Moulin, L., Bière, houblon et cervoise, p. 127.

33) Huntemann, H., *Bierproduktion und Bierverbrauch in Deutschland vom 15. bis zum Beginn des 19. Jahrhunderts*, Göttingen, 1970, p. 12, n. 7.

34) Unger, R., Technical Change in the Brewing Industry in Germany, The Low Countries, and England in the Late Middle Ages, in *The Journal of European Economic History*, 21, 1992, p. 284; Id., The Trade in Beer to Medieval Scandinavia, in *Deutsches Schiffahrtsarchiv*, 11, 1988, p. 251.

35) Unger, R., *A History of Brewing in Holland*, p. 27; Stefke, G., Das hansestädtische Brauwesen, in Bracker, J. (éd.), *Die Hanse. Lebenswirklichkeit und Mythos*, Hambourg, 1989, p. 466.

36) De Boer, D.E.H., *Graaf en grafiek. Sociale en economische ontwikkelingen in het middeleeuwse 'Noordholland' tussen ± 1345 en ± 1415*, Leyde, 1978, p. 274; Unger, R., *A History of Brewing in Holland*, pp. 33-37; Van Uytven, R., Oudheid en middeleeuwen, in Van Stuijvenberg, J. H. (éd.), *De economische geschiedenis van Nederland*, Groningen, 1977, pp. 38-39.

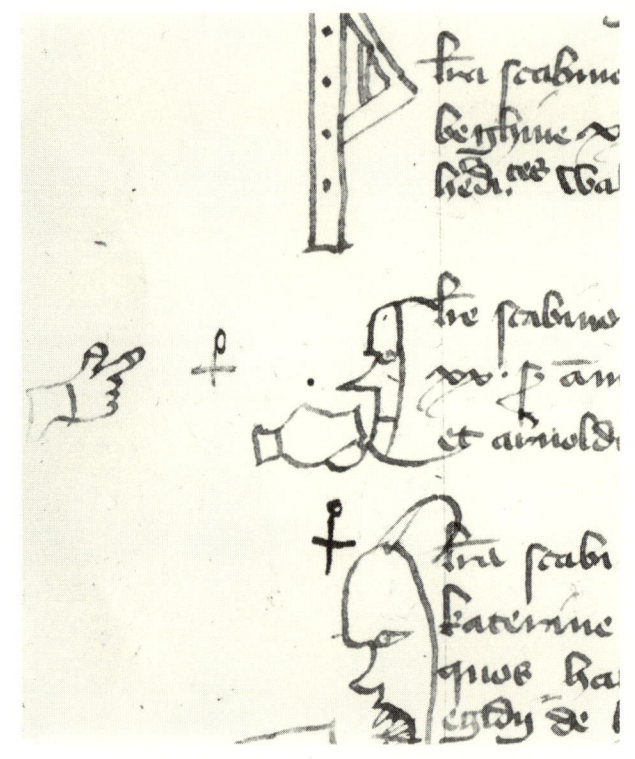

図表 I-1　中世におけるビール（?）飲用の図
ローゼンダール尼僧院コレクション，No. 14（アントウェルペン国立文書館所蔵）

方の例を模倣し始める。1365年頃，ブラバント公領で試験的にホップを使った醸造が行われた。だがブラバントではそれはゆっくりとしか浸透せず，しかも技術的に安定していなかった。我々は，ファン・アゥトフェン教授の研究のおかげで，ネーデルラントにおけるホップビール普及の様子を地図に描いてみることができる[37]。レウヴェンはとりわけブラバントの中では先進都市であり，1368年に醸造を開始している。レウヴェンの近隣に位置するメヘレンとヴィルヴォールドでは1370年前後にこの新しい技術を会得した。それ

---

37) Van Uytven, R., Haarlemmer hop, Goudse kuit en Leuvense peterman, in *Arca Lovaniensis. Artes atque historiae reserans documenta. Jaarboek 1975*, 4 (1975), pp. 336–337.

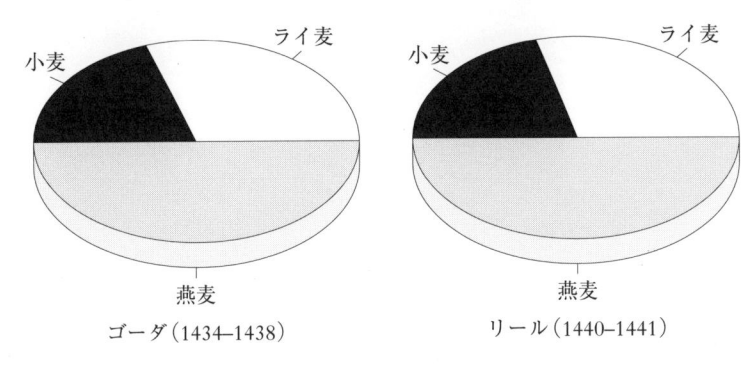

図表 I-2　ゴーダ（Gouda）とリール（Lierre）の
ビール原料比較（1434–1441 年）

以外のブラバント都市はこれらの例にやや遅れている。ホーホストラーテン（1391 年），マーストリヒト（1394 年），リール（1400 年），アントウェルペン（1408 年）といった具合である。レウヴェンとリール，メヘレンに関する多くのサンプル調査をもとに，今では，ブラバントの初期のホップビールは，ホラントのそれを模倣したものだということが分かっている[38]。醸造といった技術に関するスパイ行為は当時まれではなかったということである（図表 I-2 参照）。

4. ますます高級品となるワイン

　皆が皆ビールやセルヴォワーズを飲んでいたわけではない。中世ヨーロッパではワイン嗜好はごく一般的で，それは決して贅沢な上流層の飲料ではなかった。南ネーデルラントではほぼどこにでもぶどう畑があった。だが，一定量の上質なぶどうの苗を育てることができる土地は限られていた。それが

---

38) Aerts, E., *Bier, Brouwers en Brouwerijen in Lier. Institutionele, sociale en economische aspecten van een stedelijke industrie tijdens de late middeleeuwen en de nieuwe tijd* (*1400–1800*) (Thèse de doctorat. Katholieke Universiteit Leuven), Louvain, 1988, vol. IV, p. 924 et 929, tables VII et XII; Van Uytven, Haarlemmer hop, p. 349; Vercauteren, D., *Peilingen naar het belang van de Mechelse bierindustrie in het Ancien Régime* (mémoire de licence inédit Université de Gand), Gand, 1982–1983, vol. I, pp. 16–17, p. 70.

ブラバントとミューズ河渓谷である[39]。地元産ワインに加え，ラインワインやフランスワイン，地中海地方のものも輸入され南ネーデルラントで消費されていた[40]。ウイやエノー伯領最南部あるいは北フランスの一部では，ワインは非常に貧しい階層の人々が通常飲むものであった[41]。そのような大量消費については，都市財政に占めるワイン税の増収という面から跡づけることができる。ブリュッヘでは1332年から1392年のワイン消費税収入が全体の50-60%にのぼっている。1360年から1390年のヘントについてみると，40-60%である。ナミュールでは14世紀末から15世紀前半にかけて，総収入の半分をそうした税収が占めていた。また1328-1329年ころのイープルでは45%，ドゥエやリルでは14世紀を通じて都市会計簿の収入項目で大きな額が記されている。モンスでは，マルトートと称される間接税全体の中で，ワイン税収入が他のそれを圧倒しているのが分かる。1324年アントウェルペンを見ると，ワイン税収がビール税収の2倍にものぼっている[42]。ブラバントやリエージュでは在地のワインに加えて特にライン産ワインを消費していた。フランドル，エノー，ナミュールでは安いフランスのワインがごく一般的だったようだ。このようにワイン嗜好というのは地方によって様々である。しかし，おおよその所をいえば，アントウェルペンやブリュッヘといった大都市の方が，中小都市よりも大量に消費していたと言える。また，農村に比

39) Gerits, T. J., Wijnkultuur in de Nederlanden, in Gerits, T. J. / Scheys, F. / Willems, A. (éd.), *Wijnkultuur in het Hageland*, Aarschot, 1971, pp. 9–22; Van Uytven, R., De drankcultuur in de Zuidelijke Nederlanden tot de XVIIIde eeuw, in *Drinken in het verleden. Tentoonstelling ingericht door het Stadsbestuur van Leuven, 9 juni-5 augustus 1973* (Stedelijk Museum Leuven), Louvain, 1973, p. 22.

40) Craeybeckx, J., *Un grand commerce d'importation: les vins de France aux anciens Pays-Bas (XIIIe–XVIe siècle)* (Ecole Pratique des Hautes Etudes-VIe section. Centre de recherches historiques. Ports-routes-trafics, 9), Paris, 1958; Van Uytven, R., *De zinnelijke Middeleeuwen*, p. 28, p. 44.

41) Sivéry, G., Le vin: commerce et consommation paysanne dans le Sud du Hainaut à la fin du Moyen Age, in *Revue du Nord*, 49, 1967, pp. 281–291.

42) Dickstein-Bernard, C., *La gestion financière d'une capitale à ses débuts: Bruxelles 1334–1467* (Annales de la Société Royale d'Archéologie de Bruxelles, 54), Bruxelles, 1977, pp. 52–53; Sosson, J. P., Vin et finances communales, in *Les routes de la treille. Galerie CGER*, s.l.n.d. [Bruxelles, 1990], p. 201; Van Uytven, R., Le vin et la fiscalité communale, in *Les routes de la treille. Galerie CGER*, s.l.n.d. [Bruxelles, 1990], p. 204.

べれば都市の方がその消費量は大きかった。

　ところが，14世紀が経過するうちにワイン消費量は落ち込んでいく。その傾向はまずブラバント公領において最初に見られる。その他の地方，例えばエノー，リエージュ，ナミュール，フランドルでは15世紀か16世紀になって初めて消費減退が起る。ここでも飲料への間接税記録が良い指標となっている[43]。アントウェルペン，ブリュッセルやレウヴェンではビール税が14世紀半ばに徴収され始めるが，同世紀後半にはそれがワイン税収を上回るようになる。15世紀前半となると，アトやダンムといった都市でビール税収の方がワイン税収よりも大きくなっている。リルでそうなるのは15世紀後半からで，エノー，リエージュ，ナミュールあるいはフランドル南部といった地方の都市ではそれから更に遅れる[44]。こうした事情は，ごく僅かに伝来する史料によって定量的に知ることができる。レウヴェンでは，1350年から1510年の間に，年平均一人当たりワイン消費量が30リットルから23リットルとなった[45]。ヘントでは，ある遺言状がより雄弁に語ってくれる。それによると，1360年には38リットルだったものが，1405–1406年にはわずか16リットルへと減少したことが分かるのである[46]。アトやブリュッヘ，コルトレイク，ディースト，リールといった諸都市でも同様な事態を示す数値が残されている[47]。15世紀後半に生じたこのような状況を，ブリュッヘの詩人アント

---

43) 前注42参照。

44) 1512年ナミュールにおけるワインからビールへの選好変化については，下記の文献に詳述されている。Libert, M., *La bière et la brasserie à Namur de 1376 à 1606* (Mémoire de licence inédit. Université de Louvain), Louvain-la-Neuve, 1984–1985, p. 188.

45) Van Uytven, R., Bestaansmiddelen, in Van Uytven, R. (éd.), *Leuven. "De beste stad van Brabant". De geschiedenis van het stadsgewest Leuven tot omstreeks 1600* (Arca Lovaniensis. Artes atque historiae reserans documenta. Jaarboek 7), Louvain, 1980, vol. I, p. 152, table XI.

46) Vandenbroeke, C., Evolutie van het wijnverbruik te Gent (14de-19de eeuw), in *Album offert à Charles Verlinden à l'occasion de ses trente ans de professorat*, Gand, 1975, p. 389.

47) Vandenbroeke, C., Evolutie van het wijnverbruik, p. 392; Van Uytven, R., De drankcultuur in de Zuidelijke Nederlanden, p. 29. また下記の文献中の示唆に富む表を見られたい。Id., De la boisson des fêtes au symbole social. La consommation du vin dans les Pays-Bas du Sud, in *Les routes de la treille. Galerie CGER*, s.l.n.d. [Bruxelles, 1990], p. 254, graphique I.

ニス・ド・ローヴァーが次のように簡潔に記している。「ワインを飲んでいた者は今やビールを飲んでいる」[48]。ワイン消費の減少の原因は，地元ぶどう栽培の減退である。他方，ファン・アゥトフェンはその著作の中で，ワインの衰退は当時の気候変動と政治的-軍事的混乱の同時発生を主たる原因とする，といっている[49]。

　それとも，消費者がだんだんとワイン離れを起こしていくというのは，まさにこの時期出現した新しいアルコール飲料のせいなのであろうか。

5.　ワインにビールが取って代わる

　以上のようなワイン嗜好の低下は，ホップビール出現に帰することはほぼ明らかである。大半の歴史家もそのように見ている。実際ホップビールはかなりの利点を持っていた。原料ホップは醸造工程で安定剤として作用するだけでなく，透明度を高めると同時に泡立ちを良くすることにも役立っている。苦みのきいたその風味は，14世紀の大半の人々に好まれるものであった。しかしホップの最大の貢献は，ビールの保存期間を飛躍的に長くしたことである。ホップの雌株にできる毬状の実には樹脂と油が大量に含まれており，それが保存料として大きく作用する。この特徴のおかげで，ビールが何ヵ月も保存可能で，長距離輸送に耐えるものとなった。北ドイツからもたらされ

---

48)　Mak, J. J. (éd.), *De gedichten van Anthonis de Roovere naar alle tot dusver bekende handschriften en oude drukken*, Zwolle, 1955, p. 339, 詩歌 23 番.

49)　関連研究として以下を追加して挙げよう。Van Uytven, R., De ondergang van de wijnteelt in de Nederlanden, in *Spiegel Historiael*, 1, 1966, pp. 52–59; Id., *Stadsfinanciën en stadsekonomie te Leuven van de XIIe tot het einde der XVIe eeuw* (Verhandelingen van de Koninklijke Vlaamse Academie voor Wetenschappen, Letteren en Schone Kunsten van België. Klasse der Letteren, 23, 44), Bruxelles, 1961, pp. 302–306; Id., Het verbruik van land- en vreemde wijnen in Brabant gedurende de 16e eeuw, in *De Brabantse Folklore*, 167, 1965, pp. 299–337 (英語版 The Consumption of Domestic and Foreign Wines in Brabant in the Sixteenth Century, in Id., *Production and Consumption in the Low Countries, 13th–16th Centuries*, Aldershot etc., 2001, art. XIII). またブラバントでのぶどう耕作の衰退については次を見よ。Minnen, B., De wijnbouw in Rotselaar tijdens de late middeleeuwen (XIIIde-eerste helft XVIde eeuw), in *De Brabantse Folklore*, 242, 1984, pp. 96–97, pp. 107–109.

たホップビールのネーデルラントでの成功は，長期保存という特長を抜きにして考えることはできない[50]。

さて，ホップビールの需要増大を考える時，ワインを抜き去って大衆がビールをより好むようになった原因というのが，上に挙げたホップの風味や長期保存というような特長だけにあったのだろうか，という疑問は当然出てくる。例えば，ホップビールの味はそれ以前からあるグルイトビールよりも本当に好ましいものだったのだろうか。新しいビールが，ハーブやヒースなどの植物を醸造工程で付加され，風味を付けられたグルイトビールとはかなり違った味だったことは確かである。地中海産のミルトの葉は独特な味を出し，当時高い評価を得ていた[51]。ヒルデガルデ・ビンゲンといったかなり特異な才覚を持つ女性は，フィジカというその詩の中で，ホップビールよりグルイトビールを好むと述べ，前者を飲まないよう男性に忠告している[52]。同じ嗜好を持つ者は他にもいたことは明らかで，ホップビールが優勢になった時でもグルイトビールは作られ続け[53]，その製法が料理教本に繰り返し記載されているほどである[54]。1543年アントウェルペンではなおミルトの葉を溶かしたビールが飲まれている[55]。リール醸造所の在庫目録を見ると，18世紀になってもなお，醸造工程でグルイトを少量加えるようなビール製造工が存在したことが分かる[56]。その他の史料を見るに，中世末に至ってはホップが

---

50) ホップには，神経鎮静，睡眠促進，食欲増進，若干の滅菌といった作用がある。だが，中世の人々がこうした効能を知っていたかどうかはなお考察の余地が残っている。

51) Doorman, G., *De middeleeuwse brouwerij en de gruit*, p. 31; Ferno, R. N., Bier in recepten, in *Brouwerij & Mouterij*, 20, 1986, p. 13.

52) Behre, K.-E., *The History of Beer Additives*, p. 42. またこの引用はデッカースにもある。Deckers, J., Recherches sur l'histoire, p. 462, n. 62.

53) Doorman, G., *De middeleeuwse brouwerij en de gruit*, p. 10; Baudet, F.E.J.M., *De maaltijd en de keuken in de middeleeuwen*, Leyde, 1904, p. 123.

54) 例えば，Cockx-Indestege, E. (éd.), *Eenen nyeuwen coock boeck. Kookboek samengesteld door Gheeraert Vorselman en gedrukt te Antwerpen in 1560*, Wiesbaden, 1971, p. 225 を見よ。

55) Verhuyck, P. / Kisling, C. (éd.), *Het Mandement van Bacchus, Antwerpse kroegentocht in 1580*, Anvers / Amsterdam, 1987, p. 39.

56) Aerts, E., *Bier, Brouwers en Brouwerijen*, vol. I, p. 135.

含まれているというだけでは，ホップビールが最上級あるいは上級の嗜好品だという評判をもはや得られなくなっていた。例えば「キュート」あるいは「クイート」という，ホップが全くあるいは殆ど含まれないビールさえなお一般的だったのである[57]。さらに，ホップビールがグルイトビールを完全に押しのけてしまうまでにはなお長い時間を必要とした。例えばレウヴェンでは，グルイトビールが30年間優勢であり，ホップビールがそれに肩を並べるようになるには50年ほどもかかっている[58]。ホラントでも同様にこの変遷は数十年を要した[59]。この長い移行期間は，一定数の在地権力が技術革新に消極的だったということでは説明できない[60]。筆者の想定では，多数の消費者がホップビールという新しい種類のアルコールだけになってしまわないよう望んだのではないか。ウンガーのような碩学も，グルイトに対するホップのうまさという常識を相対化して見ている。むしろ彼が強調するのは，より長期に保存できるという特性の方である[61]。とはいえ，日持ちの良さというこの性質が，平均的なビール消費者にとって本当に重要だったかどうかは疑問の余地がある。彼らに大量のビールを貯蔵するほどの財政的余裕があったとは考えられないからだ。

　以上を総合すると，醸造工程にホップを添加するということだけでは，この時期のビール消費の飛躍的増加を説明することはできないように思われる。技術改革が問題でなければ，何を主要な原因とすることができようか。筆者

---

57) Van Uytven, R., Haarlemmer hop, Goudse kuit, p. 346; Moulin, L., Bière, houblon et cervoise, p. 113.
58) Van Houtte, J. A., *An economic history of the Low Countries, 800–1800*, Londres, 1977, p. 89; Van Uytven, R., Bestaansmiddelen, p. 154, table XII; Id., *Stadsfinanciën en stadsekonomie*, pp. 314–315, table XXIII.
59) Unger, R., *A History of Brewing in Holland*, p. 43.
60) De Boer, D.E.H., *Graaf en grafiek*, p. 274; Soens, T., Évolution et gestion du domaine comtal en Flandre sous Louis de Male et Philippe le Hardi (1346–1404), in *Revue du Nord*, 339, 2001, p. 37; Unger, R., *A History of Brewing in Holland*, pp. 33–34; Van Uytven, R., *Stadsfinanciën en stadsekonomie*, p. 315; Wilssens, M.-A., *Optimo Bruno Grimbergensis. De geschiedenis van een abdij en haar bier*, Bruxelles, 1986, p. 38.
61) Unger, R., Technical Change in the Brewing Industry, p. 285; Id., *A History of Brewing in Holland*, p. 26.

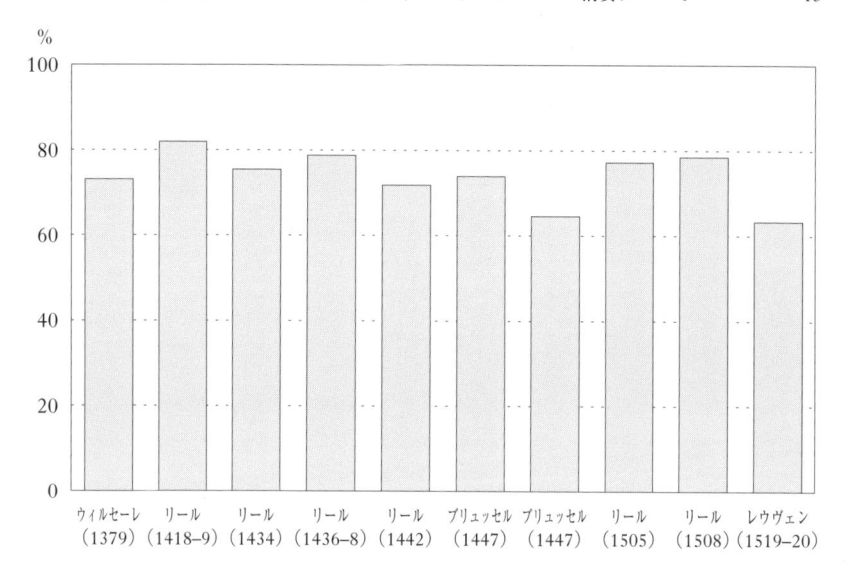

第 I 章　中世ヨーロッパにおけるワインとビールの消費について

図表 I-3　ビール種別ごとの醸造コストに占めるモルトの割合（1379–1520 年）

横軸ラベル：
- ウィルセーレ（1379）
- リール（1418-9）
- リール（1434）
- リール（1436-8）
- リール（1442）
- ブリュッセル（1447）
- ブリュッセル（1447）
- リール（1505）
- リール（1508）
- レウヴェン（1519-20）

の想定は，価格メカニズムが中世後期の消費性向を決めたのではないか，というものである。もちろん，ヨーロッパの先進地域では特に質と味が需要全体に大きな要素を占めたことは間違いない。だが，しばしば物的欠乏状態にさらされた前近代の経済社会において，のどの渇きに対していくら支出するか，ということは何といっても重要な点であった。ビール生産と消費の急激な増大と成功は，何よりも 14 世紀後半の価格低下に負っていた。そしてそれは穀物価格の下落がもたらしたものであり，当然ビールの生産価格を大幅に押し下げる要因となったのである。醸造過程で原料となるモルトの価格は当時ビール生産者の総コストの 60–80% を占めていた（図表 I-3 参照）[62]。穀価下

---

[62] Aerts, E., *Bier, Brouwers en Brouwerijen*, vol. IV, pp. 901–915, table I. 穀物価格とビールに占める穀物の割合との関係については，さらに以下の記述も見よ。Blondé, B./ Limberger, M., Van Bourgondische welvaart tot Antwerpse schaduw. Het bierverbruik te 's-Hertogenbosch in de vijftiende en de zestiende eeuw, in *"Proeve 't al, 't is prysselyck". Verbruik in Europese steden（13de–18de eeuw）. Consumption in European Towns（13th–18th Century）. Liber amicorum Raymond van Uytven,* Anvers, 1998, p. 83, n. 62.

落に直面した農民の中には，収穫物の一部を貯えて収入減少を補おうとした者もいたのである。人口減少に由来する農産物過剰がビール価格の低下を招いたのだ。これに加え，ビール醸造業専門職の急速な増加や輸出拡大も製造コスト削減効果をもたらした。ヨーロッパではどこでもビール価格が顕著に下がっているのを見ることができる[63]。これとは対照的に，14世紀に入ってからワイン価格は大きく上昇した[64]。逆にビール価格の低落傾向というのは15世紀をほぼ通じて見られる。従って端的に言うと，ワインよりビールへと消費者を向かわせたのは，その急速な価格低下だったのである。

6. 結 論

現代の経済学において，需要の理論は様々に異なる視点，多くの接近方法をもつ精巧な分析装置となっている。基本的にそれは，消費者の選択を問題にし，所得を一定として彼らが異なる価格にどのように対面するか，ということを扱う[65]。14-15世紀に新種ビールの出現とビール消費の拡大が同時に起った時，歴史家はかつてそこに共通の原因だけを見ようとする偏狭な態度を取ってしまった[66]。繰り返していうが，筆者は，ビールの味，風味，芳醇

---

63) Unger, R., Beer, Wine and Land Use in the Late Medieval Low Countries, in "*Proeve 't al, 't is prysselyck*", p. 329, p. 332; Id., Technical Change in the Brewing Industry, p. 285; Id., The Trade in Beer, p. 255.
64) Unger, R., Beer, Wine and Land Use, pp. 330-331; Van Uytven, R., De drankcultuur in de Zuidelijke Nederlanden, p. 27, tableau I.
65) 「(消費者需要理論)とは，基本的に一定の所得のもとで価格変化に対する消費者の選択問題を扱う理論である」(Kindleberger, C. P., *Economic Laws and Economic History*, Cambridge, 1997, p. 98)。
66) とはいえ，穀物価格下落効果に注目する経済史家がいなかったわけではない。これについては次の諸研究を見よ。Van der Wee, H., De handelsbetrekkingen tussen Antwerpen en de Noordelijke Nederlanden tijdens de 14e, 15e en 16e eeuw, in *Bijdragen voor de Geschiedenis der Nederlanden*, 20, 1965-1966, pp. 269-270（英語版 Trade Relations between Antwerp and the Northern Netherlands 14th to 16th Century, in Id., *The Low Countries in the Early Modern World*, Aldershot / Brookfield, 1993, p. 128）; Van Uytven, R., Le combat des poissons en Europe du moyen âge au XVIIIe siècle, in Cavaciocchi, S. (éd.), *Alimentazione e nutrizione secc. XIII-XVIII* (Istituto Internazionale di Storia Economica « F. Datini ». Serie II-Atti delle « Settimane di Studi » e altri convegni, 28), Prato, 1997, p. 66.

さ，見映え，香りや色合いなどが重要でない，などというつもりはない。しかし，消費行動がそれまでと大きく変わってしまったことを説明しようとすると，中世末のヨーロッパではこれらの要素すべてに対して価格メカニズムが優越する，ということは間違いないのである。

第 II 章

中世後期—近世初期ヨーロッパにおける為替取引
――南ネーデルラント起源の方法と概念について――

はじめに

　研究史上，南ネーデルラント特にフランドルとブラバントがヨーロッパ経済史へ大きな貢献をしたことは周知の通りである。以下で私は，ブリュッヘの人々が多数のヨーロッパ言語へ，財政に関する重要な概念をいかにして加えたか，またその概念が世界に浸透する前，アントウェルペン経済がそれをどのように豊かにしたかを説明していこうと思う。

1. ヨーロッパにおける経済的前史

　紀元千年初めころに始まった経済変革で，南ネーデルラントとりわけフランドルが重要な役割を果たした。この地域は中世ヨーロッパの中でも，有名で組織化された輸出産業の最も活発な状況を見せてくれる。つまり，高い熟練労働，高品質なイングランド産短繊維原毛，国際的な商人＝企業家ないし中小企業者たちが提供する資本，といった生産諸要素が見事に組み合わさって行われた，あの輸出向け毛織物の生産である[1]。
　しかし，よく知られた輸出向け毛織物産業だけが，この地域の動力源では

---

1) これについてはジェンキンス所収の次の2論文を見よ。Munro, J., Medieval woollens: textiles, textile technology and industrial organisation, c. 800–1500; Id., Medieval woollens: the western European woollen industries and their struggles for international markets, c. 1000–1500, in Jenkins, D. (ed.), *The Cambridge History of Western Textiles*, Cambridge, 2003, vol. I, pp. 181–322.

なかった。恵まれた地理が，商業活動を刺激せずにはいなかったのである[2]。商業は，毛織物工業よりも重要だったとさえ言えるかも知れない。中世の経済成長は主として国際貿易によって促進された[3]。西欧の経済成長が最も著しくかつ力強い時期が，11-13世紀の南北間陸上交易の発達と軌を一にしていることは確かである。新たな交易ルートは，経済的最先進地帯，最も繁栄し最も人口密度高く，そして最も都市化された2つの地域を繋いだ。つまり，一方がライン河—マース河—スヘルデ河のデルタが成す南ネーデルラント，他方が商業的成長の先端だった北イタリアである。見事な流通軸が作られた。実際それは，いくつかの幹線道路から成り，スイス・アルプスを通り抜けて，フランス中央部を横切り，フランス北東寄りの4つの有名なシャンパーニュ大市に連なるルートであった。ヨーロッパのあらゆる所から大市に商人が集い，奢侈品や種々の毛織物を中心とした工業製品の売買交渉をし，輸出したのである。それだけではない。信用手形（大市手形と呼ばれる）の交換さえしたのである。13世紀になると南北の陸路に加え，東西の流通軸がウクライナのキエフをシャンパーニュ大市へと結びつけることとなった。こうした主要な大陸の通商路と並んで，中小の道路ネットワークが形成され，小都市を活発な交易地としたり，また，新道路沿いの内陸都市を発展へと導いたのである[4]。

---

2) Boone, M., Brügge und Gent um 1250: die Entstehung der flämischen Städtelandschaft, in Hartmann, W. (ed.), *Europas Städte zwischen Zwang und Freiheit. Die europäische Stadt um die Mitte des 13. Jahrhunderts*, Regensburg, 1995, pp. 97–110; Nicholas, D., Economic Reorientation and Social Change in Fourteenth-Century Flanders, in *Past & Present*, 70, 1976, p. 3; Sivéry, G., Les débuts de l'économie cyclique et de ses crises dans les bassins scaldien et mosan. Fin du XIIe et début du XIIIe siècle, in *Revue du Nord*, 64, 1982, pp. 667–681.

3) Munro, J., The Low Countries' Export Trade in Textiles with the Mediterranean Basin, 1200–1600: A Cost-Benefit Analysis of Comparative Advantages in Overland and Maritime Trade Routes, in *International Journal of Maritime History*, 11, 1999, p. 1. 同様な見解については，Van der Wee, H., Un modèle dynamique de croissance interséculaire du commerce mondial (XIIe–XVIIIe siècles), in *Annales, Economies, Sociétés et Civilisations*, 25, 1970, pp. 100–126 を見よ。

4) Aerts, E., Long Distance Trade before 1500, in Mokyr, J. (ed.), *The Oxford Encyclopedia of Economic History*, Oxford, 2003, vol. III, p. 359.

取引が質量ともに増加するにつれて，商業活動にはより大きな価値をもつ支払い手段が必要となった。そのため，従前より大きくグロッシあるいはグロートと呼ばれる銀貨が 13 世紀初頭から発行されるようになり，すぐに金貨の製造がこれに続いた。金貨は，最初に 1252 年フィレンツェとジェノヴァで刻印され，やがて後にフランドル (1326 年頃) とブラバント (1330 年以降) でも製造されるようになったのである[5]。

2. 陸路交易の衰退とブリュッへの隆盛

遠隔地陸路交易とシャンパーニュ大市は，13 世紀半ば繁栄の頂点に達した後，急速に後退する。こうした収縮の陰で，海上交易の方は膨張を続けた。それゆえ，経済史家の多くは，シャンパーニュ大市と陸路商業衰退の原因を新しい海上ルートの発達に求めてきた。確かに，ジェノヴァのガレー船が北海に姿を現したのは早くも 1274 年のことであったし，これを皮切りとして，数十年後にイタリアの海洋都市国家と北部ヨーロッパの港とが直接かつ定期的に結ばれることになったのではある。一見したところ，一方の後退，他方の発達という 2 つの現象に因果関係を認めるのは当然のようだが，実はシャンパーニュ大市と陸路交易衰退の原因は遠距離海上商業の発達にはなかった。というのも，シャンパーニュの戦略的な地位の低下はすでに 13 世紀後半に入ってすぐのことなのに対して，イタリアと北部の海上交易がともかく定期的な動きになるのは 1306 年になってからだからだ。カナダの経済史家 J. マンローは，より説得的な説明を最近示している[6]。それによると，新しい海運業

---

[5] Spufford, P., Le rôle de la monnaie dans la révolution commerciale du XIIIe siècle, in Day, J. (ed.), *Etudes d'histoire monétaire XIIe–XIXe siècles. Textes réunis*, Lille, 1984, pp. 383–386, p. 390; Id., *Money and its Use in Medieval Europe*, Cambridge, 1988, pp. 176–177, p. 182, pp. 226–229; Aerts, E. / Van der Wee, H., *Vlaams-Brabantse muntstatistieken. Deel 2. De aanmuntingsgegevens van de gouden munten (1330–1506)* (Postgraduate Workshop on Quantitive Economic History. Discussion Paper 81.01, K. U. Leuven, Centrum voor Economische Studiën), Leuven, 1985, pp. 1–2.

[6] Munro, J., The 'New Institutional Economics' and the Changing Fortunes of Fairs in Medieval and Early Modern Europe: the Textile Trades, Warfare, and Transaction Costs, in *Vierteljahrschrift für Sozial- und Wirtschaftsgeschichte*, 88, 2001, pp. 3–26 (in

それ自体にはシャンパーニュと陸路商業を消滅させるほどの競合力はなかった。後者の危機はむしろ 13 世紀末頃に始まった戦乱に求められる。安全保障と確実性の低下，交易および取引費用の増大が陸上交通を麻痺させた。そのためイタリア商人たちは，西欧の有力市場に赴く別ルートの開拓をしなくてはならなかった，というのである。

　そうした重要市場の 1 つは，ブリュッへであった。ズィン河に面したこの都市は，上で述べてきた中世後期の変化をうまく利して成長を遂げる。ブリュッへは遡れば 9 世紀には既に遠距離海上商業の中心地となっていたと想定される。しかし，よく強調される対スカンディナヴィア交易についても，実は確実なことは分かっていない[7]。とはいえ，11 世紀からはブリュッへがイングランドやバルト海，スカンディナヴィアと商業関係を取り結び，主要な海港都市，つまりダイナミックで人口密度の高い地域の「脈打つ」商業中心地[8]となったことははっきりしている。最初のイタリアガレー船が 1274 年に到着したと述べたが，ブリュッへには 1277 年春に初めてその姿を現している[9]。この時はおよそ 750 トンの積載量を有するジェノヴァ船だったのだが，やがてより多くの商船がヴェネチア，ピサといったトスカナ諸都市から来訪するようになった。それらは例外なく，色留剤としてのミョウバン，染料，綿，絹，香水，真珠，ガラス，油，象牙，砂糖，果物，ワイン，香辛料を運んできた。一言でいうと，イタリア人が地中海，黒海，中東や北アフリカで

　　　　Cavaciocchi, S. (ed.), *Fiere e Mercati nella integrazione delle economie europee secc. XIII–XVIII* (Istituto Internazionale di Storia Economica "F. Datini" Prato. Serie II – Atti delle "Settimane di Studi" e altri Convegni, 32), Prato, 2001, pp. 405–434).

7)　Ryckaert, M., Les origines et l'histoire ancienne de Bruges: l'état de la question et quelques données nouvelles, in Duvosquel, J. M., / Thoen, E. (ed.), *Peasants & Townsmen in Medieval Europe. Studia in Honorem Adriaan Verhulst*, Gent, 1995, p. 123; Verhulst, A., The Origins of Towns in the Low Countries and the Pirenne Thesis, in *Past & Present*, 122, 1989, p. 28, p. 30.

8)　以下の両者の表現による。Blockmans, W. / Prevenier, W., *The Promised Lands. The Low Countries under Burgundian Rule, 1369–1530*, Philadelphia, 1999, p. 164.

9)　ガレー船寄港の史実については，古いもののなお有効性を失っていないドゥアールの以下の研究による（末尾の表も参照）。Doehaerd, R., Les galères génoises dans la Manche et la Mer du Nord à la fin du XIIIe et au début du XIVe siècle, in *Bulletin de l'Institut Historique belge de Rome*, 19, 1938, p. 10.

買うかまたは交換した高価な奢侈品であった。ガレー船がフランスとスペインの海岸に沿って航行したことを考えれば，イタリア商人たちがイベリア半島と南仏で見出した非常に多様な商品を船に積み込んで一杯にしたことは明らかであろう(例えば，コルドバの革製品，バルセロナの地図，ヴァレンシアの石鹸と陶器類，そして穀物，麻，塩，油，ワイン)。

イタリアガレー船の存在は別として，バルト海および北海における海上商業の隆盛は，14–15世紀にドイツ・ハンザの活動に負っていた。ハンザは，そもそも12世紀の商人個人間の取引仲間の形成に端を発している。しかし，1370年頃主としておよそ200ものドイツ諸都市の同盟に成長していったものである。その中には，わずかながらスカンディナヴィア，イングランド，ネーデルラントの都市も加わっていた。ハンザ諸都市が取引したのは，若干の奢侈品(毛皮，琥珀)を除き，ほとんどが穀物，材木，ビール，塩，といった低単価で嵩の張る商品だった。それらは，さまざまな工業都市で取引され，ハンザ商人たちはそうした諸都市で特権を享受していたのである。ノルウェーのベルゲン，イングランドのロンドン，ロシアのノヴゴロド，そして南ネーデルラントのブリュッヘに設置された，「コントル」Kontorの名を持つ商館は，ドイツ・ハンザの重要な交易地点としてひときわ目を引く事例を示している。ドイツ商人がブリュッヘに姿を現すのは1200年頃に遡るものの，そこでのドイツ・ハンザの黄金時代は，1350年と1450年の間に見ることとなる[10]。

以上を簡単にまとめよう。13世紀末に至ってシャンパーニュ大市が後退したのとは対照的に，ブリュッヘは，アルプス以北で最も重要な市場となり，イタリアとハンザ双方の商人が支配する海上商業の繁栄の一極を担った[11]。

---

10) Paravicini, W., Bruges and Germany, in Vermeersch, V. (ed.), *Bruges and Europe*, Antwerp, 1992, p. 100; Jorn, N. / Paravicini, W. / Wernicke, H. (ed.), *Hansekaufleute in Brügge* (Beiträge zur europäischen Geschichte des späten Mittelalters, 13), Frankfurt a. M. / Berlin / Brussels / New York / Vienna, 2000.

11) ドイツ・ハンザ，イタリア商人のブリュッヘでの活動とその重要性について，近年の名著を見られたい(仏語版も掲げる)。Vandewalle, A. (ed.), *Hanzekooplui en Medicibankiers. Brugge, wisselmarkt van Europese culturen*, Oostkamp, 2002; Id. (ed.), *Les marchands de la Hanse et la banque des Médicis. Bruges, marché d'échanges culturels en Europe*, Oostkamp, 2002.

さほど時をおかず,外来商人たちはブリュッヘに競って集まり,西欧中世の歴史においても極めて顕著な状況を見せるようになった。それ以後この港町は,フランドル経済全体にとってまさに「ゲートウェイ」[12]として重要な役割を果たす。と同時に,ネーデルラントの経済システムの重要な部分とその他の世界とを結合させる機能をも担うことになったのである。ブリュッヘの港からは,フランドルや近隣地域の生産物が積み出され,ヨーロッパ全域,中東やアフリカにまで輸出されていった。ブリュッヘへはまた原料,外来品,食料,奢侈品などの輸入においても中核的な役割を示し,集められたこれらの品々はネーデルラント各地へともたらされた[13]。近年のある見方によれば,ブリュッヘはヨーロッパ全域に張りめぐらされた国際交易の複合的でダイナミックかつ非常に柔軟な「神経ネットワーク」の中で中枢の地位を占め,単なるゲートウェイ機能を超えてさえいたと言われている[14]。幸いこの都市の規模は人口で測ることができる。というのも当時の人口統計が伝来しているからで,1338–1340年については,37,000人とも46,000人とも言われている。恐らく後者の方が正確であろう。職業人口のうち20％ほどが商業および金融

12) Stabel, P., *De kleine stad in Vlaanderen. Bevolkingsdynamiek en economische functies van de kleine en secundaire stedelijke centra in het Gentse kwartier* (14de–16de eeuw) (Verhandelingen van de Koninklijke Academie voor Wetenschappen, Letteren en Schone Kunsten van België. Klasse der Letteren, 57, 156), Brussels, 1995, p. 16, p. 88. ゲートウェイの概念については次を参照。Hohenberg, P. M. / Hollen Lees, L., *The Making of Urban Europe 1000–1950* (Harvard Studies in Urban History), Cambridge (Mass.) / London, 1985, p. 87, p. 88.

13) ゲートウェイという考え方が歴史研究に用いられる以前にも,同様な把握は,例えば以下の文献に既に現れている。Van Houtte, J. A., The Rise and Decline of the Market of Bruges, in Id., *Essays on Medieval and Early Modern Economy and Society* (Symbolae Facultatis Litterarum et Philosophiae Lovaniensis. Series A / 5), Leuven, 1977, p. 249.

14) Murray, J. M., Of Nodes and Networks: Bruges and the infrastructure of Trade in Fourteenth-century Europe, in Stabel, P. / Blondé, B. / Greve, A. (ed.), *International Trade in the Low Countries* (14th–16th Centuries). *Merchants, Organisation, Infrastructure. Proceedings of the International Conference Ghent-Antwerp, 12th–13th January 1997*, Leuven / Apeldoorn, 2000, pp. 1–14.

業に就いていた[15]。外来商人については正確な数値は残されていないが，15世紀半ばに彼らは最大400人と見積もられており，そのうち150人以上がイタリア人[16]，135人ほどがドイツ・ハンザ商人，50人がカスティリア人だったであろう。彼らが奉公人や使用人を引き連れていたことを想定すると，全体は1,000人から2,000人となる。もちろん，冬は少なく夏は多くなったに違いない[17]。

3. 為替の起源

言うまでもないことだが，以上のような国際交易には金融業務を担う組織が必要である。1300年以降，両替商や金融ブローカーといった専門家集団がこの組織を作った[18]。両替商とはその名の通り，貨幣同士を交換する人々を

---

15) Prevenier, W., La démographie des villes du comté de Flandre aux XIIIe et XIVe siècles. Etat de la question. Essai d'interprétation, in *Revue du Nord*, 115, 1985, pp. 256–257; De Meyer, I., De sociale strukturen te Brugge in de 14e eeuw, in Blockmans, W., a. o. (ed.), *Studiën betreffende de sociale strukturen te Brugge, Kortrijk en Gent in de 14e en 15e eeuw* (Standen en Landen, 54), Heule, 1971, p. 27.

16) これらイタリア商人の内訳は，ヴェネチア40人，ミラノ40人，ジェノヴァ36人，フィレンツェとルッカからの34人，である。

17) Blockmans, W., Bruges, a European trading centre, in Vermeersch, V. (ed.), *Bruges and Europe*, Antwerp, 1992, p. 52; Dumolyn, J., Population et structures professionnelles à Bruges aux XIVe et XVe siècles, in *Revue du Nord*, 81, 1999, p. 46, n. 17; Stabel, P., Les marchands dans la ville, in Vandewalle, A. (ed.), *Les marchands de la Hanse*, p. 86. 無論「ヨーロッパにおけるブリュッヘ」という視点をめぐっては次の研究を見落としてはなるまい。Maréchal, J., *Europese aanwezigheid te Brugge. De vreemde kolonies (XIVde–XIXde eeuw)* (Vlaamse Historische Studies, 3), Bruges, 1985.

18) ド・ローヴァーの古典的研究は，De Roover, R., *Money, Banking and Credit in Mediaeval Bruges. Italian Merchant-Bankers, Lombards and Money-Changers. A Study in the Origins of Banking* (The Mediaeval Academy of America, 51), Cambridge (Mass.), 1948である。彼の学説に関する全般的な批評については以下を見られたい。Aerts, E., Middeleeuwse bankgeschiedenis volgens Professor Raymond de Roover, in *Liber Alumnorum Karel van Isacker s.j.* (Bijdragen tot de Geschiedenis, 63, 1–4), Antwerp, 1980, pp. 49–86; Id., Prof. R. De Roover and Medieval Banking History, in *Bank- en Financiewezen / Revue de la Banque*, 8–9, 1980, pp. 249–274. これらに加えて次の研究での論点を参照せよ。Maréchal, J., Bruges, centre du commerce de l'argent aux

指すが，イタリアの「カンビアトリ」cambiatori[19] の例からも分かるように，彼らはまさに銀行業務も司っていた[20]。彼らは現金を預金として受け入れ，帳簿の中で勘定移転をすることで決済業務を発達させた。相殺勘定を使い，ある口座から別の口座へ，さらにはある銀行から別の銀行へ勘定を移すということさえやってのけ，信用貨幣システムを作り上げたのである。ここで集められた現金は都市経済への投資へ回された。

少なからぬ両替商が大規模な毛織物取引を行い，また高価な原料羊毛の供給と毛織物製造工程に出資したことが分かっている[21]。ブローカーは，当時の言葉で「マーケラール」makelaars と言い，売手と買手の仲介者・代理人として振る舞い，中には宿屋などを経営して外来商人に宿と食料を提供する

---

derniers siècles du moyen âge, in *La Revue de la Banque*, 14, 1950, pp. 389-404; Id., *Bijdrage tot de geschiedenis van het bankwezen te Brugge*, Bruges, 1955; Id., *Geschiedenis van de Brugse Beurs*, Bruges, 1949. また，重要な批判的見解がファン・ハゥテによっても提示されている（Van Houtte, J. A., in *Belgisch Tijdschrift voor Filologie en Geschiedenis*, 29, 1951, pp. 277-278）。

19) イタリアのカンビアトリについては，次の研究がある。Goldthwaite, R. A., Local Banking in Renaissance Florence, in *The Journal of European Economic History*, 14, 1985, pp. 5-55.

20) Blockmans, W., Handelstechniken in Flandern und Brabant im Vergleich mit denjenigen der Hanse, 14.-15. Jahrhundert, in Friedland, K. (ed.), *Brügge-Colloquium des Hansischen Geschichtsvereins 26.-29. Mai 1988. Referate und Diskussionen*, Cologne / Vienna, 1990, pp. 25-32. ただしブリュッへの事例が他の地域に適用できるとは限らない。次のような見解には留保が必要であろう。「我々の結論としては，ブリュッへとネーデルラントの両替商はすべて銀行家であった」（Carande, R., Comercio, banca y crédito medievales según De Roover, in *Moneda y Credito. Revista de Economia*, 40, 1952, p. 21）。また，これについては以下も参照のこと。Vercouteren, E., De geldwisselaars in Brabant (1430-1506): een bijdrage tot de economische geschiedenis van de Zuidelijke Nederlanden, in *Bijdragen en Mededelingen betreffende de Geschiedenis der Nederlanden*, 100, 1985, pp. 3-25; Von Stromer, W., Funktion und Rechtsnatur der Wechselstuben als Banken, in *Bankhistorisches Archiv. Zeitschrift für Bankengeschichte*, 1, 1979, pp. 3-34.

21) Murray, J. M., Cloth, Banking, and Finance in Medieval Bruges, in Aerts, E. / Munro, J. (ed.), *Textiles of the Low Countries in European Economic History* (Proceedings Tenth International Economic History Congress. Session B-15), Leuven, 1990, pp. 27-28.

こともあった[22]。中世ブリュッヘの金融史において，宿屋は銀行としての両替商と同じくらい重要な役割を果たした。というのも，彼らはしばしば外来商人の介助人となり，地元の社会・経済・法律上の情報を与えたり，ふさわしい取引相手を見つけるのを手伝い，またかなりの資本をその外来商人へ貸し付けたりもしたからである[23]。こうした状況の中から，我々はブリュッヘに「為替」の最初の痕跡を見いださないわけにはいかない。

歴史家の間でなおごく一般的な常識とされているのが[24]，現在の英語で為替という言葉がラテン語の「ブルサ」bursa から来ており，しかもそれは単に「財布」を指す，ということである[25]。このラテン語自体はギリシャ語で動物の皮という言葉に由来を持っている。それゆえ，ブルサは革製のカバンや札入，財布になる，というのである[26]。この説明は非常に分かり易く正し

---

22) Van Houtte, J. A., Makelaars en waarden te Brugge van de 13de tot de 16de eeuw, in *Bijdragen voor de Geschiedenis der Nederlanden*, 5, 1950, pp. 177–197; Sosson, J.-P., Courtiers, changeurs et lombards à Bruges et à Damme à la fin du XIVᵉ siècle, in Duvosquel, J.-M. / Nazet, J. / Vanrie, A. (ed.), *Les Pays-Bas bourguignons. Histoire et Institutions. Mélanges André Uyttebrouck* (Archives et Bibliothèques de Belgique. Numéro spécial, 53), Brussels, 1996, pp. 403–411. 1303 年から仲介業者と宿主とは同一ギルドに編入される。この規制について詳細は Greve, A., Brokerage and Trade in Medieval Bruges: Regulation and Reality, in Stabel, P. / Blondé, B. / Greve, A. (ed.), *International Trade in the Low Countries*, pp. 39–40 を参照せよ。

23) Greve, A., Hôteliers et marchands de la Hanse à Bruges aux XIVᵉ et XVᵉ siècles, in Vandewalle, A. (ed.), *Les marchands de la Hanse*, pp. 99–104; Greve, A., Jacob Sconebergh and his Short Career as a Hosteller in Fourteenth-Century Bruges, in Blockmans, W. / Boone, M. / De Hemptinne, Th. (ed.), *Secretum Scriptorum. Liber alumnorum Walter Prevenier*, Leuven, 1999, pp. 222–223; Murray, J. M., *Cloth, Banking, and Finance*, p. 25; Id., Een bakermat van het kapitalisme: Brugge in de 14de eeuw, in *Handelingen van het Genootschap voor Geschiedenis gesticht onder de benaming "Société d'Emulation" te Brugge*, 131, 1994, pp. 167–177.

24) 例えば以下を参照。Walter, R., Börse, in North, M. (ed.), *Von Aktie bis Zoll. Ein historisches Lexikon des Geldes*, Munich, 1995, p. 60.

25) Fuchs, J. W. / Weijers, O., *Lexicon Latinitatis Neerlandicae Medii Aevi*, Leiden, 1977, vol. I, pp. 533–534, col. B189–189; Niermeyer, J. F., *Mediae Latinitatis Lexicon Minus*, Leiden, 1954–1958, fasc. 1–6, p. 99.

26) 例えば，Teeuwen, M., *The vocabularly of intellectual life in the Middle Ages*, Turnhout, 2003, pp. 42–44 などを見られたい。「ブルサ」*bursa* は中世ラテン語で，現金，一定額の貨幣，奨学生，奨学金などをも意味した。

いように見えるが，本当は正しくない。我々が現在為替の意味で使用しているオランダ語の「ブールス」Beurs という言葉は，実は当時のブリュッヘで有名な金満一家を意味している。彼らは，ファン・デル・ブールス家と呼ばれ，代々ブリュッヘで宿屋とブローカーを営んで成功した家系なのである[27]。この一族の歴史は 13 世紀初期から 15 世紀末まで辿ることができ，中には本来の宿屋・ブローカーから離れて政治家となった者も見受けられる。

　ファン・デル・ブールス一族は 3 件の宿屋をもち，名前を後ろにつけてそれぞれ「アウド・ブールス」（古為替屋），「ニーウ・ブールス」（新為替屋），「クレイネ・ブールス」（小為替屋）と呼ばれていた。とはいえ 1302 年には一番古い宿屋は既にこの家系の所有でなくなり，別のある両替業者の手に渡っていたのだが。14 世紀直前 1397 年には，ヴェネチア商人たちがこの家を彼らの商館あるいは領事館として利用し，商品の保管や会合を行い，場合によっては領事の執務場所としたのである。この建物には大小様々な部屋や貯蔵室があり，そうした目的には非常に好都合であった。これの後に建てられた新為替屋は，簡単に為替屋「ブールス」とも呼ばれ，15 世紀を通じてファン・デル・ブールス家の所有物であった。だが 16 世紀になるとカスティリア商人のものになる。小為替屋は新為替屋のいわば別館のような存在で，そこではかなり投機的な営みが行われていた。これら 3 建築物は，有名な市所有の木製クレーンのあるビジネス中心地に隣接し，ブリュッヘ中央広場の中心で「ブールスプレイン」（取引所街）と呼ばれる大きな一角にあった。古為替屋がヴェネチア商人の正式な宿泊場所だったことは述べた通りだが，ジェノヴァやフィレンツェ商人たちの領事館も同じ一角に位置していた。そのためその場所は，イタリア商人たち全体の活動にとって非常に都合の良い地域となったのであった。遅くとも 14 世紀半ばにはこの一帯が「ブールスプレイン」と呼ばれていたことは間違いない。ブリュッヘのこの取引所街について最初に書き記したのは，ニュルンベルクの学者ヒエロニムス・ムエンツァー

---

27) Van Houtte, J.-A., Von der Brügger Herberge "zur Borse" zur Brügger Börse, in Schneider J. (ed.), *Wirtschaftskräfte und Wirtschaftswege. Festschrift für Hermann Kellenbenz* (Beiträge zur Wirtschaftsgeschichte, 8), Stuttgart, 1981, vol. V, pp. 237–250; Id., Börse, in *Lexikon des Mittelalters*, Zurich, 1983, vol. II, col. 467.

である。ラテン語でモネタリウスという方がよく知られた名前かも知れない。彼は 1495 年 3 月ブリュッヘに到着した。後述する通り，その時既にブリュッヘの栄華は終わっていたのだが。彼は到着時の様子をラテン語で次のように書き残している。「商人たちが寄り集るブリュッヘへのこの一帯は，ブールスと呼ばれる。スペイン，イタリア，イングランド，ドイツ，バルト地方の人々，つまりあらゆる国の人々がここには蝟集しているのである」[28]。

　以上述べたブリュッヘ内の情景がどのようなものだったか，我々はフランドルの史家アントニウス・サンデルス (1586-1664) が 1641 年に著わした『フランドル図絵』のおかげで，かなり詳細に見ることができる。サンデルスの絵図では，ブールス地区が，左右にジェノヴァとフィレンツェの領事館，中央に古為替屋あるいはヴェネチア商館を配して描かれている。ジェノヴァの商館の右手にコウノトリが煙突に止まった建物があるが，それはファン・デル・ブールス家のかつての旅籠で新為替屋である。サンデルスはそれが 1453 年に建造されたものであると述べている (本書カバー絵参照)。

　これらの美しい建築物に対しても時間の経過は容赦ない。何とか往時のようすを残しているのは，ジェノヴァの領事館だけである[29]。古為替屋と呼ばれた旅籠は，何の変哲もない建物に替わっている。最も有名な新為替屋でさえ 19 世紀末に完全に建て替えられてしまった。それでも幸い建物自体は 1947 年にある地元銀行が買い取って保存され，中世のままの正面部分が美しく復元されている。

4. 為替業務について

　既に述べた通り，ファン・デル・ブールス一族の建物前では，数えきれないほどの商人や銀行家，ブローカーたちが接触していた。では，彼らはどのような営みを実際に行ったのだろうか？　それについて今や多くを語る必要は

---

28) Giselet, P. / Delcourt, P.-M. (ed.), *Hieronymus Monetarius. Voyage aux Pays-Bas (1495)* (Collection Nationale, 22), Brussels, 1942, pp. 44–45.

29) Vermeersch, V. / Vandewalle, A. / Esther, J.-P. / Vermeersch, L., *De Genuese loge van Natiehuis tot Bankinstelling*, Bruges, 1983.

あるまい。外国貨幣を筆頭に，今でも主に証券類——政府や商会の発行する債券および株式——が証券取引所にて扱われていることは言うまでもなかろう。こうした証券類は，我々が見ているブリュッヘの為替取引所でも取引された。最も活発だったのは，為替手形の取引だった。ここで，この非常に重要な金融手段について説明を加える必要がある。

　13世紀末のイタリアに起源を持つ「銀行手形」lettera di cambio はイタリア人自身の手によって14世紀半ばネーデルラントにもたらされた[30]。それがイタリア以外の所で国際交易で絶大な流行を見るようになったのは，西欧中世後期について，歴史家が商業革命とさえ呼ぶ商業構造の深甚な変化が大きく影響している[31]。この商業的変革は，ベンジャミン・ケダーが「海上交易からデスクワークへ」[32]と見事に要約している。つまり，ビジネスの方法と企業組織のあり方に隔絶的な変化があったこと，とりわけ，殆どのヨーロッパ商業を支配していたイタリア商人が行商活動を停止したという事実を示したのである。商品とともに長く旅する困難な商業に代わり，彼らは支店にデスクを構える支配人となった。彼らは商業上重要拠点に本部を設け，そこを

---

30) この点について，ド・ローヴァーの記念碑的業績およびその後の諸研究を見よ。De Roover, R., *L'évolution de la lettre de change XIV*^{e}*–XVIII*^{e} *siècles* (Ecole Pratique des Hautes Etudes-VIe section. Centre de Recherches Historiques. Affaires et Gens d'Affaires, 4), Paris, 1953（訳注．右の邦訳を参照されたい。ド・ローヴェル，R. / 楊枝嗣朗（訳）「為替手形発達史——14〜18世紀——(1)」『佐賀大学経済論集』第19巻第1号，1986年，pp. 105–156.）; Aerts, E., La lettre de change sur la place financière de Bruges à la fin du Moyen Age, in De Clercq, G. (ed.), *A la bourse. Histoire du marché des valeurs en Belgique de 1300 à 1990*, Paris / Louvain-la-Neuve, 1992, pp. 33–47, 442–444; Leone, A., Some Preliminary Remarks on the Study of Foreign Currency Exchange in the Medieval Period, in *The Journal of European Economic History*, 12, 3, 1983, pp. 619–629; Munro, J., Bullionism and the Bill of Exchange in England, 1272–1663: a Study in Monetary Management and Popular Prejudice, in *The Dawn of Modern Banking* (Center for Medieval and Renaissance Studies), New Haven / London, 1979, pp. 169–173.

31) De Roover, R., The Commercial Revolution of the Thirteenth Century, in Lane, F. C. and Riemersma, J. C. (ed.), *Enterprise and Secular Change. Readings in Economic History*, London, 1953, p. 80; Lopez, R. S., *The Commercial Revolution of the Middle Ages. 950–1350*, Cambridge / London / New York / Melbourne (2nd ed.), 1976.

32) Kedar, B., *Merchants in Crisis. Genoese and Venetian Men of Affairs in the Fourteenth Century Depression*, New Haven / London, 1976.

中心に支部や支店，代理店や関連会社のネットワークを作り上げたのである[33]。これら代理店（fattori）やパートナー（governatori）と本部とのやりとりは，私的なあるいは公式な書簡（lettere private, lettere di compagnia）あるいは為替手形を使って行われるようになった。こうした新世代の商人たちが，国際的な商業活動と銀行業務とを結びつけたのである。そのためレイモンド・ド・ローヴァーのような歴史家は，商業と金融業とを結合させた人々のことを商人―銀行家 merchant-bankers と呼んでいる[34]。この呼び名は今では広く用いられているが，彼らにとって金融業や銀行業よりは貿易の方が重要であったということをゆめゆめ忘れてはならない[35]。

当初からイタリアの商人―銀行家はブリュッヘを北西ヨーロッパの「ピアッツァ・ディ・カンビオ」即ち主導的な為替市場にしようと目論んでいた。金融業を営む本店すべてはイタリアから出ることはなかったが，非常に有力な銀行業者の支店や代理店，関連会社にとってはブリュッヘが本拠地となった。そうした事例としては，14世紀のアキアイウリ，バルディ，ペルッツィがおり，15世紀についてはボロメイ，ダティーニ，フレスコバルディ，そしてあのメディチを忘れてはなるまい。その他の重要な銀行家系はすべてイタリア各都市に籍をおいていた。例えば，ボローニャ，コモ，ピアツェンツァ，シエナ，あるいはフィレンツェ，ジェノヴァ，ルッカ，ミラノ，ヴェネチアといった具合である。

為替手形は今もそうであるが，支払い，為替，与信を行う証券であり，通常それには4種類の人間が関与する。つまり，まず最初に買取人つまり貨幣引渡人（datore）がおり，次が貨幣引受人（prenditore）で，これは手形振出人

---

33) また，De Roover, R., The Commercial Revolution, pp. 80–81 を参照。ただし彼の説には若干の修正が必要である。例えば14世紀陸路商業の安全性についてのそれで，明らかにド・ローヴァーは百年戦争やその他の戦乱を過小評価している。

34) De Roover, R., *Money, Banking and Credit*, pp. 9–96（特に p. 28 と p. 31 を参照）; Id., New Interpretations of the History of Banking, in *Journal of World History*, 2, 1954–1955, pp. 38–51.

35) De Roover, R., *Money, Banking and Credit*, p. 89, p. 91; Grunzweig, A., *Correspondance de la filiale de Bruges des Medici* (*1ᵉ partie*) (Commission royale d'Histoire-in 8°, 40), Brussels, 1931, p. 131.「我々の経営の基礎は商品取引にある」（ブリュッヘのポルティナリからコシモ・デ・メディチへの書簡，1464年5月14日）を見よ。

(pigliatore) でもある。第3が支払人あるいは手形名宛人 (pagatore, trattario) であり，最後が受取人ないし受益者 (beneficiario) となる。貨幣を支出して受領書を受け取るのが貨幣引受人で，貨幣引受人は投下された金額を手にし，受領書を作成するとともに手形を名宛人あるいは当該金額を支払うよう明示してある人物へそれを送る(つまり手形を振り出す)。受益者とは言うまでもなく，手形が振り出される宛先となる人物で，手形の最終精算が行われる当該者を意味している。

　以上のことは理論的に考察しただけでもなかなか複雑に見える。そこで，実際にはどのような仕方でこの理屈通りのことが行われていたのか見ていこう[36]。ここで取り上げるのは，フィレンツェ近くのプラトにある有名なダティーニ文書庫で見いだされる例で，1399年12月3日の日付を持つイタリアの為替手形である。それによると，ブリュッヘにあるアルベルト商会がフランチェスコ・ダ・プラトという人物に対して，550スクーディ金貨をジョヴァンニ・ガローネという人物へ支払うよう依頼している。さらにこの手形には，その額が当初アントニオ・サレーラという人物がアルベルト商会へ委ねたものであることが記されている。ことの経緯はいったいどのようなものだったのだろうか。アントニオは，ブリュッヘのアルベルト商会へ貨幣を支払っており，貨幣引渡人 (datore) である。他方，同商会はこの金額を受け取ることによって，引受人あるいは受益者となっている。しばらく後，商会がバルセロナに駐在していた代理人フランチェスコに対し，同じ額を「そのうちに」(al tenpo) ジョヴァンニへ支払うよう依頼したのである。ジョヴァンニは受益者であり，フランチェスコは振出人となっている。つまり，アルベルト商会がフランチェスコに宛てて手形を振り出したのである。ではなぜ，アントニオの代理人ジョヴァンニへ支払うよう，フランチェスコに依頼できたのだろうか。アントニオとアルベルト商会の金融取引に，一見したところ無関係の他の二者がなぜ関わりを持つことができたのであろうか。それには，商業上のあるいは純粋に金融上の理由が多く考えられる。恐らくアントニオには

---

36) 以下の事例はド・ローヴァーに依った。De Roover, R., Le contrat de change depuis la fin du treizième siècle jusqu'au début du dix-septième, in *Revue belge de Philologie et d'Histoire*, 25, 1946–1947, pp. 120–121.

フランドルからカタルーニャの代理人のもとへある額の送金をする必要があった。しかし現金を長く危険な距離持ち運ぶリスクを嫌い，そのため，彼はブリュッヘにある有名なイタリアの銀行で現金(銀行貨幣)を預託，しかる後，銀行がバルセロナにある支店を通じて出金したのである。あるいは，アントニオがフランドルでジョヴァンニから商品を購入し，ジョヴァンニはその代金を自分のいる土地，かつ現地の通貨で支払いを望んだということも考えられる。さらに第3の可能性として，アントニオはアルベルト商会へ与信をいったん行っておき，後に為替レートが異なる別通貨で債権回収を望んだ，ということである。為替手形の振出しと回収との間に2つの通貨が価値を増減させ，それが割増金(プレミアム)ないし隠された利子としてアントニオに利益をもたらすということは十分にあり得ることで，当時教会が禁じた徴利禁止を回避する手段でもあった。もちろん，多くのイタリア人史家とその他の碩学が論証しているように，外国為替取引の主な目的は，時間的に隔たった手形相場の上昇期待よりも，遠隔地での支払いを円滑にするという点にあったことは強調すべきであろう[37]。

　ブリュッヘ金融市場は14世紀なかばに確固とした地位を築き，1400年頃には成熟した姿を示す。その頃には，バルセロナ・ジェノヴァ・ロンドン・パリ・ヴェネチアの5大金融市場で取り扱われる主だった貨幣については，為替相場が安定して成立していた。しかし，今日と同様外国為替取引をめぐる状況は，平静・平穏というにはほど遠いものであった。危機や恐慌，甚大な破滅といった事態が頻繁に起こったからである。様々な要素，例えば利子率，交易バランス，政府の介入や投機行動などが，あちこちの金融市場で為替相場を大きく左右しつつ，決定した。貨幣の受給も相場の状況に深刻な影響を

---

37) Leone, A., Some Preliminary Remarks on the Study, pp. 626-627; Brulez, W., *De firma della Faille en de internationale handel van Vlaamse firma's in de 16e eeuw* (Verhandelingen van de Koninklijke Vlaamse Academie voor Wetenschappen, Letteren en Schone Kunsten van België. Klasse der Letteren, 35), Brussels, 1959, pp. 394-397; Munro, J., English "Backwardness" and Financial Innovations in Commerce with the Low Countries, 14th to 16th Centuries, in Stabel, P. / Blondé, B. / Greve, A. (ed.), *International Trade in the Low Countries*, p. 128; Van der Wee, H., Monetary, Credit and Banking Systems, in Rich, E. E. / Wilson, C. H. (ed.), *The Cambridge Economic History of Europe*, Cambridge / London / New York / Melbourne, vol. V, 1977, p. 324.

与えた。貨幣量が不足すると金融市場は逼迫したのである。15世紀に入る前後ころには、貨幣引渡人はごくわずかとなって、貨幣量が乏しくなった。当然貨幣の購買力が上昇する反面で、為替手形は相対的に過剰となりその価格を下落させることとなった。支払人が相対的に有利な立場に立ち、低い価格で手形を購入することができた。14–15世紀の銀行家たちは、こうした為替市場逼迫を言い表す際、「ストレテッツァ」strettezzaという言葉を用いている。そして「ラルゲッツァ」larghezzaという時、状況は逆になる。この言葉は、貨幣の方が過剰で低購買力となり、手形が高額で取引される状態を意味している。この時貨幣引受人が有利な立場となる。外国為替の相場を統計的に処理してみると、為替レートが上昇したり下降したりするには一定のリズムがあることが分かる。外国為替の歴史とは、上昇と下降の歴史、際限のないラルゲッツァとストレテッツァの繰り返しと見なして間違いない。相場のこうした季節性というのは当時金融業者たちにはよく知られており、中世の手引き書にも細かく記されている事実である。ブリュッヘについて見ると、年市前の3月とイタリア商船隊往来前の6月（フランドル産の銀を輸出する）に、貨幣が不足し高価となる。逆に8–9月には、市場の逼迫は和らぐ。というのも、その季節には大勢のネーデルラント商人たちがよそからやってきて、ブリュッヘで貨幣を落としていくからである[38]。

5. ブリュッヘの終焉

15世紀に、ブリュッヘの商業的繁栄は終わりを告げる。とはいえ、統計的な史料が不十分なため、衰退がいつ始まりどのようなテンポでそれが進行したのか正確なところは不明である。しかし、以前研究者が唱えたほど早くかつ急激に進行したのではないということは、今では一般的に認められてい

---

[38] De Roover, R., *The Bruges Money Market around 1400* (Verhandelingen van de Koninklijke Vlaamse Academie voor Wetenschappen, Letteren en Schone Kunsten van België. Klasse der Letteren, 30, 63), Brussels, 1968; Id., Renseignements complémentaires sur le marché monétaire à Bruges au XIVe et au XVe siècle, in *Handelingen van het Genootschap voor Geschiedenis gesticht onder de benaming "Société d'Emulation" te Brugge*, 109, 1972, pp. 51–91.

る[39]。第3代ブルゴーニュ公であるあのフィリップ・ル・ボンの言によれば，「ブリュッヘはその商業で世界中の人々に知られている」からであり[40]，当時この都市に来訪したり，印象を記した人々も同様な発言をしている[41]。人口も，14世紀の絶頂期を過ぎた後でなおかなり安定した数値を示している。最近の信頼に足る統計によると，ブリュッヘの人口は，1395年に37,500人，1436年に35,000人を数え，そして1477年に至っても42,000人と推定されているのである。1475年になって初めて人口減少が始まるが[42]，これはいわゆるブルゴーニュ公国の繁栄が終わる時期で，偶然の一致ではない[43]。15世紀については，1480年以降発生した危機のせいで，移住してきた新規市民権獲得者の数が若干上向くこともあった[44]。ブリュッヘの経済的衰退には多くの原因が考えられる。過去の歴史家たちによると，かつてブリュッヘの港であ

39) こうした旧説については，ファン・ハウテの古典的研究および晩年の諸論をまとめた一書を見よ。Van Houtte, J. A., Bruges et Anvers, marchés 'nationaux' ou 'internationaux' du XIVᵉ au XVIᵉ siècle, in *Revue du Nord*, 34, 1952, pp. 89–108; Id., *Essays on Medieval and Early Modern Economy and Society* (Symbolae Facultatis Litterarum et Philosophiae Lovaniensis. Series A / 5), Leuven, 1977. これらに修正を迫る近年の知見としては，Brulez, W., Brugge en Antwerpen in de 15e en 16e eeuw: een tegenstelling?, in *Tijdschrift voor Geschiedenis*, 83, 1970, pp. 15–37 (英語による要約版は *Acta Historiae Neerlandicae*, 6, 1973, pp. 1–26 を見よ); Van Uytven, R., Stages of Economic Decline: Late Medieval Bruges, in Duvosquel, J.-M. / Thoen, E. (ed.), *Peasants & Townsmen in Medieval Europe. Studia in honorem Adriaan Verhulst*, Gent, 1995, pp. 261–269 が挙げられよう。

40) Van Uytven, R., La conjoncture commerciale et industrielle aux Pays-Bas bourguignons. Une récapitulation, in Duvosquel, J.-M. / Nazet, J. / Vanrie, A. (ed.), *Les Pays-Bas bourguignons. Histoire et Institutions. Mélanges André Uyttebrouck* (Archives et Bibliothèques de Belgique. Numéro spécial, 53), Brussels, 1996, p. 442.

41) Van Uytven, R., Stages of Economic Decline, pp. 259–260.

42) Dumolyn, J., Population et structures professionnelles, pp. 44–45, pp. 60–62.

43) これはファン・アウトフェンの概観である。Van Uytven, R., La conjoncture commerciale, pp. 448–450. なおこれに加え彼の次の論文も参照されたい。Id., Splendour or Wealth: Art and Economy in the Burgundian Netherlands, in *Transactions of the Cambridge Bibliographical Society*, 10, 1992, pp. 103–105, p. 110, p. 113. 近年こうした見解は一般的になりつつある。例えば，Blockmans, W. / Prevenier, W., *The Promised Lands. The Low Countries under Burgundian Rule, 1369–1530*, Philadelphia, 1999, pp. 167–173 を見よ。

44) Thoen, E., Verhuizen naar Brugge in de late Middeleeuwen, in Soly, H. / Vermeir, R. (ed.), *Beleid en bestuur in de oude Nederlanden. Liber amicorum Prof. Dr. M. Baelde*, Gent, 1993, pp. 329–349.

り，今では美しい自然の水流をたたえているズィン河が，堆積物で埋まり干上がってしまったことが，衰退の主因とされた。ブリュッヘと外海との接合は確かに常に問題であり，この港湾都市の立地を困難にしたことは間違いない。しかし，他にももっと重要な要因を考えることが必要である。例えば，フランドル輸出工業の長期にわたる危機とブラバントやホラント，イングランドの毛織物工業による競合といったことがらである。時代に逆行するような都市での強制システムや保護主義は，ルネサンス期に頂点を迎える自由な精神とは全く対照的であった。ドイツ・ハンザとの政治的軋轢(1436-1438年，1451-1487年)，イタリア経済の後退もこれに加わる。しかし何よりも，15世紀末フランドルにおける政治的混乱が最大の要因と言える。フランドル諸都市と神聖ローマ帝国皇太子だったマキシミリアンとの内乱によって，外来商人すべてがブリュッヘを見限ることになったのである[45]。それと並行して繰り返しなされた商業封鎖，軍事支出，巨額の課税が，ブリュッヘへの築き上げた資産を食いつぶしていった。15世紀末のブリュッヘはほとんど見捨てられたような状態にあった。そうした中，為替業務は何とか持ちこたえ，復活した。1500年時点でもフィレンツェや南仏のリヨンは，ブリュッヘがなお北西ヨーロッパの主要な金融市場と見なしていたのだから。だが状況は長く続かなかった。1515年頃ヴェネチア人はブリュッヘを後にした。フィレンツェとルッカの最後の領事が，1518年と1521年の間に去っていった。ジェノヴァも1522年と1523年にそれに続く。そして，これらイタリア商人たちは，1516年とっくにアントウェルペンへ拠点を移してしまっていたのである[46]。

　ブリュッヘについて語るのを終える前に，最後に2つ重要な点を指摘して

---

45) Maréchal, J., Le départ de Bruges des marchands étrangers (XVᵉ et XVIᵉ siècles), in Id., *Europese aanvezigheid te Brugge*, pp. 181-187. ブリュッヘ商人の15世紀アントウェルペン市場来訪に関しては，Asaert, G., Gasten uit Brugge. Nieuwe gegevens over Bruggelingen op de Antwerpse markt in de vijftiende eeuw, in Coppejans, H. / Hansotte, G. / Scufflaire, A. / Vanderwoude, E. (ed.), *Album Carlos Wyffels aangeboden door zijn wetenschappelijke medewerkers*, Brussels, 1987, pp. 23-41 を参照。

46) Maréchal, J., Le départ de Bruges des marchands, p. 188; Vandewalle, A., Les nations étrangères à Bruges, in Vandewalle, A. (ed.), *Les marchands de la Hanse*, p. 41; Vandewalle, A. / Geirnaert, N., Bruges and Italy, in Vermeersch, V. (ed.), *Bruges and Europe*, Antwerp, 1992, p. 191; Van Houtte, J. A., Mercanti, imprenditori e banchieri

おこう。第1に，ブリュッヘは為替業務の制度基盤を確かに整えてはいたが，商業と金融業のための特別な建物を提供してはいなかったこと。商人や金融業者は，広場に集い，青天井の元で取引を行ったのである。第2に，ブリュッヘの有名な家系の名前が，為替・手形・取引所を意味する重要な概念をヨーロッパ諸言語(フランス語，ドイツ語，イタリア語，スペイン語，スカンディナヴィア諸語など)にもたらしたのは確かである。しかし，国際為替の業務において新しい技術を持ち込み，主要な取引を行ったのはイタリア人である。外国に由来する革新が模倣されたという点で，イタリア人の取引と技術とはブリュッヘ金融市場にとって重要な条件だったことを忘れてはならない。「銀行業はイタリアあるいは地中海に生まれしもの」なのである[47]。

では，こうした事情はネーデルラントのもう1つの金融中心地アントウェルペンでも変らないままだったのだろうか。次に見ていくこととしよう。

6. アントウェルペン商業の勃興

ブリュッヘに拮抗するほど有力な都市たり得たのは，隣接ブラバント公領にあるアントウェルペンであった。既に13世紀末からこの方，ブラバント公は様々な特権を与えて外来商人の誘致・拡大を図ってきていた。1320年には恐らくアントウェルペンで外来者へ供与する交易基盤，つまり2つの年市が整っていたと思われる。とはいえその時点ではなお地域的な商業が優勢であった。やがてイタリアとドイツ・ハンザの商人たちが来訪するようになり，

---

italiani nelle Fiandre, in *Aspetti della vita economica medievale. Atti del Convegno di Studi nel X Anniversario della morte di Federigo Melis*, Florence / Pisa / Prato, 1985, p. 159.

47) Bergier, J.-F., From the Fifteenth Century in Italy to the Sixteenth Century in Germany: a New Banking Concept, in *The Dawn of Modern Banking* (Center for Medieval Renaissance Studies), New Haven / London, 1979, p. 105; De Roover, R., Le rôle des Italiens dans la formation de la banque moderne, in *La Revue de la Banque*, 16, 1952, pp. 640-663. 私自身(前注18)またA. グレーヴェ，J. マレーといった史家も，ブリュッヘの経済成長にイタリア商人の果たした役割をド・ローヴァーが強調し過ぎていると指摘したが，銀行経営の点でイタリア人を無視して考えることはできない。まさにイタリア人こそが銀行というものに「その名前と技術をもたらした」のだから(Bergier, J.-F., From the Fifteenth Century, p. 129)。

アントウェルペンの国際交易拠点としての重要性が露わとなってきた。1356年のフランドル伯によるブラバント継承戦争で，この都市がフランドル領となって一時的に後退したものの，年市の発展は押しとどめようもなかった。14世紀末までには，オランダ，スペイン，イングランドからの商人たちがいっせいにアントウェルペンを目指すようになっていた。あのブリュッヘ市場がドイツ・ハンザとイングランド産原料羊毛で成功を収めていたのに引き比べ，アントウェルペンが引き寄せたのは新しい世代の商人であり，新しい流通の波に乗って利益を収めるとともに，そうした状況は15世紀ヨーロッパ全体へと浸透したのであった。

これにより根本的な変化の影響を被ったのが南部ドイツの経済である。北部ヨーロッパからフランスを経由してイタリアへ至る陸路は危険だったため，その通行はスイスやオーストリアの山岳地帯での関所に富をもたらすこととなった。中欧とイタリアを結ぶこの新しい商業路は，またアウグスブルク，ニュルンベルク，ウルムといった諸都市を潤し，「フランクフルト年市」の成長さえもたらしたのである。アントウェルペン年市はこうした中部ドイツ年市のサイクルに密接に組み込まれていき，当然ながら，アントウェルペン，ラインラント，フランクフルト地方を結ぶ交易は飛躍的に拡大することになった。スヘルデ河口の町アントウェルペンの発達にとっては，南部ドイツの商工業拡大がとりわけ重要な意味を持っていた。というのも，南部ドイツ産の銅と銀が直接アントウェルペンへもたらされたからである。フランドルとブラバントの内乱 (1482–1492年) では影響を受けはしたものの，アントウェルペンはオーストリア皇太子マキシミリアン側に立つことで，フランドルの独自性を保とうとしたブリュッヘの敗北とその金融市場の壊滅に利を得ることができたのであった。15世紀末には，アントウェルペンは既にネーデルラント経済における主導的地位をブリュッヘから受け継いだのである[48]。

16世紀アントウェルペンの繁栄は，1485–1520年頃にヨーロッパ内交易で

---

[48] ブリュッヘ金融市場の史的推移については，アントウェルペン市場に関する最も重要な研究の中でより詳細に語られている。Van der Wee, H., *The Growth of the Antwerp Market and the European Economy* (*Fourteenth-Sixteenth Centuries*) (Université de Louvain — Recueil de travaux d'histoire et de philologie, IVᵉ série, fasc. 29), Leuven / Paris / The Hague, 1963, vol. II, pp. 109–111.

中継港として発達した機能に負っていた。フランドルとりわけブリュッヘ向けのイングランド産毛織物にはしばしば禁輸措置がとられたため，アントウェルペンはそうした機会を捉えてイングランドのマーチャント・アドヴェンチャラーズの来訪を歓迎した。若干の政治的折衝を経た後，イングランド商人はアントウェルペンを大陸側の主要取引市場に選んだ。そこに持ちこまれたイングランド産未仕上毛織物が，ネーデルラント伝来の染色・仕上工程に回されたのである。一世代前，ポルトガル人はアフリカ西岸を植民地化し始めていた。15世紀末にはインドへの直接航路を発見した。彼らは最初ブリュッヘを取引市場にしていたものの，先に述べた内乱終結後は，そのままアントウェルペンに居座ることとなった。1501年ポルトガル商船が初めてコショウとシナモンを運んできた。7年後には，ポルトガル王の命令でアントウェルペンに「フランドル香料処理場」Feitoria de Flandres が建設されている。これを通じて，ヨーロッパでポルトガルが行う香料取引の独占がアントウェルペンに正式に認められたのである。南ドイツ商人がアントウェルペンへもたらす大量の銀と銅の魅力が，ポルトガルの取引先変更の主な原因である。南ドイツは，中部ヨーロッパ鉱山の開発と投資に当たって，長らく中心的な役割を果たしてきた[49]。これと引き替えに，ポルトガルの「黄金の国王」はアントウェルペン金融市場で大量のアフリカ産金を供給した[50]。

しかしながら，中継交易機能というのは非常に脆いもので，そのことはやがて来たる1520–1540年の危機の際に明白になる。フランス王国とハプスブルク帝国間ならびにドイツ国内での新たな政治的緊張関係と戦乱が，アント

---

49) Munro, J., The Central European Silver Mining Boom, Mint Outputs, and Prices in the Low Countries and England. 1450–1550, in Van Cauwenberghe, E. (ed.), *Money, Coins, and Commerce: Essays in the Monetary History of Asia and Europe* (*From Antiquity to Modern Times*) (Studies in Social and Economic History, 22), Leuven, 1991, pp. 132–136.

50) Magalhães, V.-Godinho, *L'économie de l'empire portugais aux XVe et XVIe siècles* (École Pratique des Hautes Études — VIe section. Centre de Recherches Historiques. Ports-Routes-Trafics, 26), Paris, 1969; Van der Wee, H., *The Growth of the Antwerp Market*, vol. II, p. 125, p. 129; Id., World Production and Trade in Gold, Silver, and Copper in the Low Countries, 1450–1700, in Kellenbenz, H. (ed.), *Precious Metals in the Age of Expansion. Papers of the XIVth International Congress of the Historical Sciences* (Beiträge zur Wirtschaftsgeschichte, 2), Bamberg, 1981, pp. 82–83.

ウェルペンの当初の 2 大商業機能つまり,ポルトガルの香料独占と南部ドイツへの陸路交易に終止符を打つこととなった。ところが,1540 年以降アントウェルペンは再びイングランドからの毛織物輸出ブームで上昇機運に乗った。これは,イングランド王ヘンリー 8 世が行った貨幣品位の貶質によるものである。そのうえ,当時復活しつつあった伝統的毛織物工業を自らの発達過程に組み込むことで,最初に経験した成長サイクルの弱い基盤を強化することにアントウェルペンは成功した。そこは新しい生産物である薄手毛織物(ウール,サージ,ファスティアン,リネンなど)をはじめ,綴織,活字の書物,高級絵画や彫刻といった商品の国際輸出市場へと変貌していった。輸入代替機能も同様に重要で,最も顕著なものは絹製品であったが,その他にもガラス・鏡・水晶製品を見逃すわけにはいかない。

16 世紀半ばまでにアントウェルペンは西欧の商業中核地の地位を確立した。これに人口拡大が伴った。1374 年には 7,000 人以上と見積もられており,1437 年には 25,000 人,15 世紀末には 47,000 人を数えた。そして,1526 年までに 55,000 人ないし 60,000 人へと増加。1565 年と 1570 年の間には,なんと最大で十万人もの人口を記録したのである[51]。

---

51) 以下のファン・デル・ウェーの諸論を見られたい。Van der Wee, H., Trade in the Southern Netherlands, 1493–1587, in Id., *The Low Countries in the Early Modern World,* Aldershot / Hampshire, 1993, pp. 87–114; Id., Opkomst van een wereldstad: handel en nijverheid te Antwerpen van de veertiende tot de achttiende eeuw, in *Academiae Analecta. Mededelingen van de Koninklijke Vlaamse Academie voor Wetenschappen, Letteren en Schone Kunsten van België. Klasse der Letteren,* 49, 1987, pp. 1–18; Van der Wee, H. / Materné, J., Antwerp as a World Market in the Sixteenth and Seventeenth Centuries, in Van der Stock, J. (ed.), *Antwerp, Story of a Metropolis. Sixteenth-Seventeenth Centuries,* Gent, 1993, pp. 19–31. また,次の議論も参照せよ。Van Isacker, K. / Van Uytven, R. (ed.), *Antwerp. Twelve Centuries of History and Culture,* Antwerp, 1986; Suykens, F. / Asaert, G., a.o., *Antwerp, A Port for all Seasons,* Antwerp, 1986. 人口データは以下に依る。Klep, P.M.M., *Bevolking en arbeid in transformatie. Een onderzoek naar de ontwikkelingen in Brabant 1700–1900,* Nijmegen, 1981, pp. 346–347; Van Uytven, R., Antwerpen: Steuerungszentrum des europäischen Handels und Metropole der Niederlande im 16. Jahrhundert, in Sicken, B. (ed.), *Herrschaft und Verfassungsstrukturen im Nordwesten des Reiches. Beiträge zum Zeitalter Karls V. Franz Petri zum Gedächtnis (1903–1993),* Cologne / Weimar / Vienna, 1994, p. 1, p. 3.

7. 金融市場の成長

　商業が徐々に規模を拡大し，中部ヨーロッパ産の銀やポルトガルの金といった貴金属の流入が増えると，金融業も次第に刺激を受けるようになった。15世紀のアントウェルペン年市が新世代商人たちにとって大きな交易の場になると，彼らの従来型の信用取引や支払い技術は皮肉にもさして重要でなくなり，約束手形から進歩した支払手形と呼ばれる証券を通じて，決済が行われるようになっていった[52]。あのフッガーやヴェルザー，イムホフ，ホッホステッターといった外来商人，金融業者が増え，銀や金の移送が頻繁となったにもかかわらず，アントウェルペンには預金銀行が存在しなかったため，金融に関する技術革新は不可欠だったのである。しかしながら，貨幣流通が急激に増加し，信用業務が急速に展開したため，債権者の利用できる信用保証に深刻な不足が生じた。実は，歴史の浅いアントウェルペン貨幣市場では支払手形（約束手形）は持参人払い手形として普及していた。つまり，手形に記してある一定額がそれを保持している人物へ支払われる，というものである。言うまでもなく，支払手形には相手方の氏名は指示されていないため，所持人は誰でもよかった。この点，先に見たブリュッヘ市場の場合との大きな違いである。ブリュッヘにおいて為替手形は，互いに見知っている特定の人物の間で振り出された。というのも，南欧の金融市場と同様に，商人の世界は比較的狭く，取引がいわば内輪で行われたからである。これとは事情が異なり，多くのよそ者同士が互いに不信感を抱いているアントウェルペンのような市場では，信用と債務保証の欠如は重大な障害となることがあった。

---

52) Van der Wee, H., *The Growth of the Antwerp Market*, vol. II, p. 338; Id., *Monetary, Credit and Banking Systems*, pp. 324–325. マンローは，ド・ローヴァーなどが従来考えていたよりずっと広範にイギリス商人が為替手形を使用していたことを強調している。Munro, J., Die Anfänge der Übertragbarkeit: einige Kreditinnovationen im Englisch-Flämischen Handel des Spätmittelalters (1360–1540), in North, M. (ed.), *Kredit im Spätmittelalterlichen und Frühneuzeitlichen Europa*, Cologne / Vienna, 1991, pp. 45–46; North, M., Die Hanse und das europäische Zahlungssystem: Kreditpraktiken im internationalen Vergleich, in Hammel-Kiesow, R. (ed.), *Vergleichende Ansätze in der hansischen Geschichtsforschung,* Trier, 2002, p. 147.

だがその悪い面ばかりを強調できない。なぜなら，支払手形はアントウェルペンを歴史の出発点として，売買可能な商業手形への道を将来にわたって切り拓いたからである[53]。

改善の第1歩は，手形所持人の「法的な」保護である。アントウェルペン証券市場においては，商業手形の単純な譲渡はなお未発達な状態にとどまっていた。なぜなら，不渡りが生じた場合，手形所持人がその債務者を法廷に連れ出すというのは非常に困難だったからである。しかし1507年，アントウェルペンの法文は，手形や証券の所有者の権利を法的な保護のもとにおくことを高らかに宣言した。その条項には，弁済履行しない債務者の訴追に関して，手形所持者を最初の債権者としての権利を与える旨が規定されてもいる[54]。第2段階の改善は，手形所持人の「金銭的な」保護にあった。アントウェルペン商人たちは，都市当局を促して，ブリュッセルにある政府に所持人の金融上の保証を制度化させた。これが功を奏し，1541年皇帝勅令によって，手形・証券を振り出した人物は，それの最終所持者が当該金額を受け取るまで，金融上の責任を負うこととされたのである。

人の手から手へと，商業手形が円滑に交換される状況の発生過程で最も大きな躍進は，近代的な裏書と割引の出現にある。裏書とは言うまでもなく，証券の裏面に追加記入を行うことによって，債権の所有権が譲渡されることを意味する。これまで何年にも亘って多くの歴史家が，イタリアには為替手形や小切手，「支払命令書」(polizze) の裏書という史実が14世紀末からあることに注意を喚起してきた[55]。ただし，この革新は限られたものであり，典型

---

53) Van der Wee, H., Anvers et les innovations de la technique financière au XVIe et XVIIe siècles, in *Annales, Economies, Sociétés et Civilisations*, 22, 1967, pp. 1067–1089; Id., Anvers et les innovations technico-financieres des XVIe et XVIIe siècles, in *Troisième Conférence Internationale d'Histoire Économique Munich. Third International Conference of Economic History 1965*, Paris / The Hague, vol. V, 1974, pp. 239–240; Id., *Monetary, Credit and Banking Systems*, pp. 325–330; Id., *The Growth of the Antwerp Market*, vol. II, pp. 340–352.

54) この点に関しては以下を参照。Munro, J., The Medieval Origins of the Financial Revolution: Usury, *Rentes*, and Negotiability, in *The International History Review*, 25, 2003, p. 553.

55) これについては，Spufford, P. / Wilkinson, W. / Tolley, S., *Handbook of Medieval*

的な金融手段に発達したわけではない。確かに巨額の商業・金融支弁は大半が銀行で行われ，しばしば口頭指示により口座間で資産移動が行われた。だが，イタリアの為替手形は人々の間を流通したことはなく，またある人物から別の人物へ譲渡されることもなかった。アントウェルペンで最初に，裏書が支払手形に適用された。これは当然のことであって，北部ヨーロッパの商人たちにとっては，為替手形はあまりなじみがなかったからである。1570年までには状況は大きく変り，為替手形がアントウェルペン商業の舞台で明らかに幅広く用いられるようになったのである。それゆえ，イタリアの商業的安定，北部商人の南欧市場への接近，そして何よりもジェノヴァとピアツェンツァ年市での活発な金融取引が，為替手形の普及を促したのは間違いない。さほど時をおかず，アントウェルペン為替市場で手形の裏書が一般的になったのは当然の帰結であった。裏書のある手形で現存する最古のものは1571年の日付を持っている。17世紀初頭から裏書という手法は急速に展開し成功を収めるが，逆に同時期イタリアでは法的な規制を加えられることになる。

現代社会で言う手形割引——商業や金融の資産を支払期日前に券面価額以下で第三者へ譲渡すること——は，16世紀以前には行われていなかった。アントウェルペン市場でそれが最初に発見されたのは1536年のものである[56]。裏書手段の1つとして，割引はまず支払命令書に対して行われ，その次に為替手形へと適用されていった。そして16世紀末以降手形割引は，前述した市場がストレテッツァの時期，つまり貨幣市場が逼迫し，貨幣需要が大きくなった時に特に整然と行われたのである。

次のようにこの節をまとめよう。16世紀は北西ヨーロッパにとって金融市場大躍進の時代であった。そのことは，発達途上の商業中心地すべてで看取

   Exchange (Royal Historical Society. Guides and Handbooks, 13), London, 1986, p. xxxiii, n. 17を見られたい。ただしスパランツァーニによれば，個々の商業手形に裏書がなされたかどうかは，当該資料の性格を十分把握して初めて認められる，ということである。Spallanzani, M., A Note on Florentine Banking in the Renaissance. Orders of Payment and Cheques, in *The Journal of European Economic History*, 7, 1978, p. 162.

56) Van der Wee, H., Sporen van disconto te Antwerpen tijdens de XVIe eeuw, in *Bijdragen voor de Geschiedenis der Nederlanden*, 10, 1955, pp. 68–70.

できる。だが，北部ヨーロッパの商業・金融の一代中心地となったアントウェルペンほど変革が大きかったところはない。商業手形の手から手への流通拡大は，その匿名譲渡性の出現へと道を拓いた。アントウェルペン市場では，手形の裏書だけでなくその割引という近代的金融手段の実現に大きな役割を果たしたといえる。もちろん，16世紀アントウェルペン市場でのこうした革新は，イタリア発の伝統的な技術に直接源泉をもつものである。とはいえ，それが既存の技術や元祖から離れて発達を開始し，手本となったものとは一線を画しているということも否定できない。アントウェルペン為替市場の技術革新が最終段階だったわけではもちろんないとしても，それは他の市場へ巨大な影響を与えたことは疑いない。一例を挙げると，恐らくは移住した商人たちの影響によって，16世紀末のハンブルクで近代的な手形割引が行われている。後で述べるように，アントウェルペンの果実をとりわけ享受することになるのはあのイングランドである。

8. 商業・金融施設の建築

ブリュッヘとの大きな違いとして先に述べたが，アントウェルペンでは金融取引において，イタリアに由来する経営技術を越えた独自の発展を見た。そしてもうひとつの違いは，為替取引のための固有の施設を持ったことであり，ブリュッヘには見られない現象だった。同時代のジェノヴァ人も両者の違いを認識し次のように述べている。「ブリュッヘの市場では為替の取引業務が確立したが，アントウェルペンでは取引場が建築されてより具体的な姿をとり，それはよそでの施設建設の手本となった」[57]。

アントウェルペンで取引を行おうとする人々は，ある古い建物に集った。それは1515年に完全に修復され，増築が施されるとともに木造部分が殆ど石造に改築された[58]。当時この建物は，港と中央広場にほど近い町の中心部に

---

57) Maréchal, J., *Geschiedenis van de Brugse Beurs*, Bruges, 1949, p. 65, n. 249.
58) Aerts, E., Monnaies, crédits et finances dans les Pays-Bas méridionaux (1500–1550), in *L'escarcelle de Charles Quint. Monnaies et finances au XVIe siècle*, Brussels, 2000, pp. 57–59.

位置し，美しい内庭を回廊が取り巻いていた。非常に機能を重視した建築物であり，取引業務に適った役目を果たしたようだ。欠点があるとすればただひとつ，増築にもかかわらず規模が小さくなっていたことである。そこで都市当局は思い切った試みを行った。それは，費用のかかるちまちました増築を繰り返すのではなく，古い取引所を取り壊して全く新しく建て替える，というものであった。新取引所は1531年現在アントウェルペンの目抜きとなっているメイル通りに開所し，それは従前の商品取引を行う中央広場からやや隔たった所に位置していた。こうして新取引所は新時代の象徴となり，他方でそれは証券の取り扱い業務と目に見える現物商品取引との関連を断ち切る，という点も含んでいた。当初はそこでも商品・金融双方の取引を目指していたのだが，次第に貨幣および金融取引に特化するようになったのである。商品取引や商業契約などは，1550年に開設された全く別のイギリス取引所に委ねられていった。この施設では，前者の1時間前に開店するしきたりだった。図像に残された様子を見ると，新取引所は，おおよそ旧取引所と同じ概観を持っているが，規模の点でずっとまさっている。建築美術の点から言えば，新取引所は中世末ブラバント風フランボワイヤンゴチック様式と古典風ルネサンス様式との見事な融合を見せている[59]。

「民族・言語を問わずあらゆる取引人の便益のために」。入口左手に記されたこの有名な言葉が語るように，出自や言語にかかわらず，誰も新取引所での活動を妨げられなかった，ということを明確に知ることができる。そこが国際的な性格を示す場所だったということは間違いない。表向き特定の場所

---

59) 拙稿中のグイッチャルディーニの絵図を参照せよ。Aerts, E., Welvaart en welzijn in de zogenaamde ongelukseeuw, in Van Uytven, R. / Bruneel, C. a. o. (ed.), *Geschiedenis van Brabant van het hertogdom tot heden*, Leuven / Zwolle, 2004, p. 431. なお，Calabi, D., *The Market and the City. Square, Street and Architecture in Early Modern Europe*, Ashgate, 2004 は，「銀行・ビジネス・証券取引所」の章でアントウェルペン証券取引について記述している。また他方で，詳細な文献解題を伴いつつ次のような最良かつ最新の研究が現れている。Materné, J., Belle et utile pour le rassemblement des marchands. La bourse d'Anvers au cours du siècle d'or, in De Clercq, G. (ed.), *A la bourse. Histoire du marché des valeurs en Belgique de 1300 à 1990*, Paris / Louvain-la-Neuve, 1992, pp. 51–85, pp. 445–447.

が特定のグループに区分けされたのではなかったが，実際には，正面入って右側にイタリア，スペイン，ポルトガル人が，左側にフランス人が陣取り，ドイツ人が正面広場，イギリス人が中央部で取引を行ったようである。それらの後方に，スカンディナヴィアおよび地元ネーデルラントの商人たちが場所を確保していた。それぞれの商人たちは謹厳かつ足繁くそこに通ったのである。そこで取引した商人たちはどれくらいの人数だっただろうか。おおよその数を，アントウェルペンに滞在・居住していた各グループの規模で推計することができる。16 世紀半ば頃，スペイン 300 人，イタリア 200 人，ポルトガル 150 人，フランス 100 人，南北合わせたドイツから 300 人，そして地元と近隣から 400–500 人の商人たち，合わせて 1,500 人から 1,600 人ほどが新取引所を訪れたと考えられる。16 世紀末には，対スペイン戦争のせいでこの数が 150 人ほどになってしまうのだが[60]。

取引所の中での営みについては既に述べた。商人・金融業者たちは相対取引をし，証券を交換したのである。だがもうひとつ付け加えるべきことがある。それは「投機」である[61]。これは北部ヨーロッパ都市においてことさら新しい現象ではない。しかしアントウェルペン市場では，投機がそれまで以上に系統的かつ組織だって行われたという点に留意する必要がある。購入者は，支払い期日前の価格上昇を見込んで商品を後払いで購入し，売却した後の差益を自らの収入とするというものである。商品価格が大きく変動するような場合（穀物，塩，ニシンなど），こうした投機はありふれた行為であった。投機人たちはまた一定の保険を見込みながら，為替相場の変動に賭けることもあった。若干の商会では既に確率表を用いてリスク計算を行ってもいる。しかし，しばしば失敗を経験したのであった。

裕福な商人たちが大勢集まったため，同時に物もらいやスリ・窃盗など犯罪者も誘引することとなった。新取引所で活動する商人は更に組織だった犯罪に巻き込まれる可能性さえあった。というのも，国際的な商会のメンバーの中には，暗殺者を雇ったり殺し屋と契約したりして，同僚や競争相手を排

---

60) Brulez, W., De Handel, in *Antwerpen in de XVIde eeuw*（Genootschap voor Antwerpse Geschiedenis）, Antwerp, 1975, p. 128.

61) Van der Wee, H., *The Growth of the Antwerp Market*, vol. II, pp. 364–365.

第II章　中世後期—近世初期ヨーロッパにおける為替取引　　　　47

除することさえ厭わない者もいたからである[62]。

9. アントウェルペンの影響とイタリアの遺産

　アントウェルペンの黄金時代は，80年戦争(1568-1648年)の勃発とともに急速に終わりを迎える。戦乱とそれを避けた商人・手工業者たちの逃避行動が輸出産業を壊滅状態に追い込むこととなった。アントウェルペン自身も「スペインの嵐」と呼ばれた略奪(1576年11月)，スペイン帝国による制圧(1585年8月)，その後の北ネーデルラント(ホラント)によるスヘルデ河の封鎖，といった苦難を受けたのである。それにもめげず，この町はなお命脈を保った。それだけではない。実際のところ，アントウェルペンは南ネーデルラント地域にとって最大の港湾都市であり，最重要な金融中心地であり続けた[63]。ネーデルラントの政治危機，アントウェルペンの経済衰退，スペインとの戦役，スペイン帝国による第1次モラトリアム(1557年)によるドイツ銀行家の破産，更には第2次モラトリアムの発動でさえ，為替取引所の活動すべてを消滅させることはなかった[64]。とはいえ，本当の重心は今やアムステルダムとロンドンへと移りつつあったことも確かである。

　アントウェルペン金融市場のその後について，若干附言することで最後を締めくくろう。近代経済学の父アダム・スミスも含め，当時の人々はいずれもアムステルダムの為替取引を礼賛している。しかしながら，アムステルダ

---

62) Goris, J. A., *Etude sur les colonies marchandes méridionales (Portugais, Esagnols, Italiens) à Anvers de 1488 à 1567. Contribution à l'histoire des débuts du capitalisme moderne* (Université de Louvain – Recueil de travaux publiés par les membres des conférences d'histoire et de philologie, IIe série, fasc. 4), Leuven, 1925, pp. 109–110; Materné, J., Belle et utile pour le rassemblement, pp. 76–82.

63) これについて更に詳細は，17世紀ブラバント経済史を記述した最近の拙稿を見られたい。Aerts, E., Welvaart en welzijn in de zogenaamde ongelukseeuw, in Van Uytven, R. / Bruneel, Cl., a.o. (ed.), *Geschiedenis van Brabant van het hertogdom tot heden*, Leuven / Zwolle, 2004, pp. 421–443.

64) Hildbrandt, R., Die Bedeutung Antwerpens als Börsenplatz 1579, in *Scripta Mercaturae*, 1, 1974, pp. 5–21; Van der Wee, H., *The Growth of the Antwerp Market*, vol. II, p. 220, p. 222, pp. 241–242, p. 263, pp. 266–267, p. 280, p. 282.

ムは金融分野で新しいことを付け加えたことは殆どない。アムステルダム市場というのはむしろ，13世紀イタリアに始まり何世紀にも亘って受け継がれ改良され，当時なおジェノヴァ，リヨン，ピアツェンツァといった市場で行われていた金融技術の最終段階，あるいは終点といった意味合いが強い。ではなぜ，アムステルダムがアントウェルペンで行われた最新の金融技術に背を向け，イタリア起源のより伝統的なやり方を選んだのだろうか？ これに対する最終的な回答はまだ出されていない[65]。

ただひとつ確かなことは，アントウェルペン由来の技術改良は地中海においては行われず，大西洋側つまりスチュアート朝イングランドの銀行家によって行われた，という点である。この変遷の「基礎的背景」（J.マンロー）は中世末に遡ることができる。中世イングランドにはイタリアのカンビアトリやフランドルの両替業といった貨幣取扱業の在地的なネットワークが欠けていた。それゆえにこそ逆に，羊毛生産と輸出に依存した農業国イングランドに，近代的金融業の成長点を見いだし得る所以である。ロンドンの法廷では，アントウェルペン（1507年）に遡ること70年も早く，1436年に為替手形の取引に関する法的条件を定めている[66]。ただしイングランドが年代的に先んじている点を考慮しても，その他の金融業の面ではアントウェルペンが優位を保っていることは確かである[67]。明らかにイングランドにはロンドンの法解

---

65) とはいえ，若干の仮説が以下の諸論で提示され，近年確認されてもいる。Van der Wee, H., *Monetary, Credit and Banking Systems*, p. 317; Id., The Medieval and Early Modern Origins of European Banking, in *Banchi pubblici, banchi privati e monti di pietà nell'Europa preindustriale. Amministrazione, technice operative e ruoli economici. Atti del convegno Genova, 1–6 ottobre 1990*, Genova, 1991, pp. 1165–1167; Asaert, G., *1585. De val van Antwerpen en de uittocht van Vlamingen en Brabanders*, Tielt, 2004, p. 220.

66) Munro, J., The International Law Merchant and the Evolution of Negotiable Credit in Late-Medieval England and the Low Countries, in *Banchi pubblici, banchi privati e monti di pietà nell'Europa preindustriale*, pp. 71–75. マンローはこうした見解を他の箇所でも展開している。Munro, J., Die Anfänge der Übertragbarkeit, pp. 57–60; Id., English "Backwardness" and Financial Innovations, pp. 142–150; Id., The Medieval Origins of the Financial Revolution, pp. 547–549, pp. 551–552, p. 562. アントウェルペンについては，前注53と54を参照。

67) 有名な記述者でかつ商人だったL. グイッチャルディーニが1567年にそう書き残している。これについては，以下も参照のこと。Maréchal, J., *Geschiedenis van de Brugse Beurs*, pp. 8–9; Van Houtte, J.-A., Von der Brügger Herberge, p. 238.

第 II 章　中世後期—近世初期ヨーロッパにおける為替取引

釈を全国的に広める緊急性はなかった。マンローは「過去265年間に亘って」イングランドになぜそうした必要がなかったかを詳しく述べている[68]。1571年ロンバード街にロンドン証券取引所が設けられた時，トーマス・グレシャムが事細かなモデルとしたのがアントウェルペンのそれであった。グレシャムは，アントウェルペン駐在の王室金融支配人であり，ロンドン市長の息子であったことを思い起こそう。設計思想がアントウェルペンから伝わり，ロンドンの建築家に受け継がれたのである。装飾用の彫刻は一部アントウェルペンで製作されたものである。アントウェルペンでロンドンの冒険商人たちが活動したというだけでなく，大陸側から何千人と宗教難民が移住したことが，アントウェルペンとロンドン両証券取引所の緊密な関係を示唆する[69]。イングランド側はこの密なる関係をよく知り，「アントウェルペン生まれの」という表現を使っている[70]。17世紀末手形の裏書と割引の普及——それらはアントウェルペン市場で発達した——がやがて銀行券の発行へと連なっていく。そしてそれこそがヨーロッパの銀行史に加わる新たな章なのである。しかし，その入り組んだ複雑な過程は，手形の起源と歴史を探ろうとするここでの課題ではなく，もはや別の話である[71]。

---

68)　Munro, J., The International Law Merchant, pp. 75–78; Id., English "Backwardness" and Financial Innovations, pp. 154–156.
69)　Van der Wee, H., The Medieval and Early Modern Origins, pp. 1170–1171; Asaert, G., *1585. De val van Antwerpen*, pp. 309–310.
70)　これは例えば，最近出版された高名な版画の中で記されている。Materné, J., Belle et utile pour le rassemblement, p. 77.
71)　Kindleberger, Ch. P., *A Financial History of Western Europe*, London / Boston / Sydney (2nd ed.), 1993; Neal, L., *The Rise of Financial Capitalism: International Capital Markets in the Age of Reason* (Studies in Monetary and Financial History), New York, 1991; Van der Wee, H., *Monetary, Credit and Banking Systems*, pp. 332–354; Id., European Banking in the Middle Ages and Early Modern Period (1476–1789), in Van der Wee, H. / Kurgan-Van Hentenrijk, G. (ed.), *A History of European Banking*, Antwerp (2nd ed.), 2000; Van der Wee, H. / Houtman-De Smedt, H., Die Entstehung des modernen Geld- und Finanzwesens Europas in der Neuzeit, in Pohl, H. / Jachmich, G. (ed.), *Europäische Bankengeschichte*, Frankfurt a. M., 1993, pp. 73–173.

第 III 章

カール5世期南ネーデルラントの経済と社会

はじめに

　カール5世は幸運なことに、ネーデルラントが経済史上最も光り輝いた時期に、その治世を担うことになった。この事実こそが、当時のヨーロッパでも疾風怒濤のごとき、皇帝以外他の何人も及ばぬほどの勢力を誇る結果をもたらしたのである。人口成長はまさに驚くべき高みに達し、農工業生産たるやかつてない規模を見せ、黄金時代を迎えたアントウェルペンの港は北西ヨーロッパの商業的中心となった。このような高揚は、大陸内交易の復活にもとづいていた。それは15世紀半ばに始まっていたのだが、16世紀前半になって頂点に達していく。南ドイツ、北イタリア、ブラバント、カスティリアなどの領域を通る新しい商業路が、ハプスブルクの皇帝に思いがけない幸運を提供したことは疑いない。アントウェルペン、アウグスブルク、フィレンツェ、ジェノヴァ、メディナ・デル・カンポ、ミラノ、セヴィリアといった経済先進地がその手中に落ちたからである。この経済的拡大すべてが、皇帝やその周辺者による成果ではないとしても、神聖ローマ帝国が、流通や移動、商業活動や金融取引を促進したことは確かである。後世の歴史家たちの記述も、人口に膾炙したことがらも、こうしたハプスブルク家の繁栄の光が皇帝自身にはね返って降りそそいだことを示している。これから語ることは、まさにこの輝きの側面である。つまり、経済構造のどのような基幹部分が変化を見せるようになったのか、あるいは成長はどのように説明されうるのか、ということである。

1. 指標としての人口成長

　未発達な経済状況にあって，人口規模とその変化は経済成長の良い計測器となる。人口成長とGDP増大とには正の相関が常にあるからだ。ここでの関連からいえば，重要な指標はすべて上向きを示している。1500年2月24日にヘントの宮廷でカールが生まれた時，南ネーデルラントにはおよそ112万6千人の住人がいた。1555年10月25日に招集した議会で統治放棄を宣言した頃，それは150万人に達していた。半世紀ほどの間に40万人が増加したのであり，34%もの上昇率となる。これはひとえに出生率と死亡率とのプラスの差によるものであった。しかもカールの統治以前既に実現していた南ネーデルラント諸領邦の統合の結果なのである（1521年と1529年に17州に属すことになるトゥールネとアルトワを除くが）。カール5世統治と軌を一にする人口拡大は，驚異の出来事というに尽きる。1500年から1550年にかけて年平均成長率は0.6%である。時期を2つに区切ると，前半の1525年までは何と0.7%にものぼる。これほどの成長率は，ネーデルラントにおいて見られたことはなく，ワロン地方で産業革命の起る18世紀後半を含め，アンシャン・レジーム期を通じてさえ到達し得ない水準なのである。1525–1550年と1550–1565年の時期も，0.4%という安定した成長率を見せている。もちろん，16世紀最初の25年については過大評価してはなるまい。それは，前世紀最後の四半世紀に生じた人口消失の埋め合わせという側面を含んでいるからだ。その頃，不況や重税，とりわけ先帝マキシミリアン期の内乱による大きな打撃という事情が背景にあった。とはいえ，カール5世時代の南ネーデルラントが顕著な人口拡大を経験したということは疑いようもない。

　あの150万という人口はしかし均一に分布したわけではない。フランドルとブラバント各領邦は，当該諸地域の中でも経済先進地であり，人口も並はずれて稠密であった。合わせて全体人口の70%ほどをも占めていたのである。1500年と1550年の間に，南部を除くフランドル伯領では46万4千人から64万2千人に増加し，最も人口密度の高い地域であり続けた。ブラバント公領はそれに続き，31万6千人から42万5千人へと推移している（図表III–1参照）。これら2領邦は当然高い人口密度を誇ることになった。フランドルでは

第 III 章　カール 5 世期南ネーデルラントの経済と社会

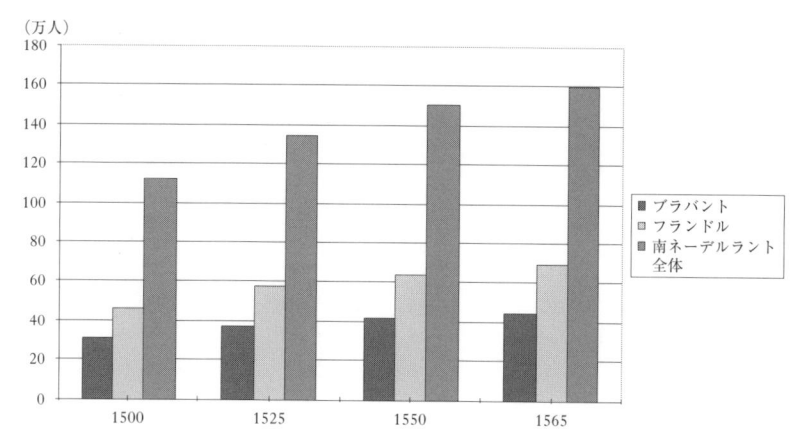

図表 III-1　南ネーデルラントの人口推移（1500–1565 年）

凡例：ブラバント／フランドル／南ネーデルラント全体

1525 年から 1565 年にかけて，1 平方キロメートルあたり 70 人から 83 人へと増加した。他方ブラバントの増加率はこれを上回る。1526 年に 1 平方キロメートルあたり 61 人だったのが，1565 年には 76 人へと拡大したのである。当該時期のチロル地方やスイス，イベリア半島ではせいぜい 1 平方キロメートルあたり 15 人だったことと比較してみよう。とはいえ，フランドルとブラバントの数値を一般化して捉えることはできない。ハプスブルク支配下のネーデルラントでこれらの領邦が平均的な状態だったというわけではないからだ。ネーデルラントでもより南方に位置するナミュールやルクセンブルクでは，せいぜい 7 万人の人口であり，1 平方キロメートルあたりの密度も最大に見積もって 10 人ほどに過ぎないのである。

領邦の豊かさは，しかしながら人口，人口増加曲線，高い人口密度といった要素だけに特徴づけられるのではない。そうした地域が，大きな都市を内部に抱えていたことも重要である。取りあえず，5 千人以上の居住数を有する集落を都市と規定するならば，1500 年頃には全ブラバント公領人口の 44%が都市に住んでいたことになり，1565 年にはその比率が 48% に上昇する。こう考えると，16 世紀前半のブラバントは最も都市化した地域だったといえるだろう。なぜなら，フランドルでさえ，1500 年から 1565 年の間には，全人口に対する都市人口の割合が 27% から 25% へと幾分低下しているからだ。そ

の他の領邦では，都市の人口比率は当然ながらぐっと下がる。エノーで 20% から 25%，ナミュールでおよそ 20%，リンブルクでは 15% ほどなのである。

経済学者も人口統計学者も認める議論によると，工業化以前の低成長な社会では，人口を問題なく維持できる増加率は年平均で 0.3%，最大で 0.4% である。それを超えると，一方で窮乏化現象，食糧不足，飢饉，そして 14 世紀に見られたような死亡率の上昇へと導く。しかし他方で全く逆に，たとえ過剰人口が生じたとしても，それを養うことのできるほどの経済成長を実現することが可能かも知れない。0.4% の成長率を優に超え，例外といってよいほどの人口増大にもかかわらず，それが破局に至らないというのは，我々が見ている 16 世紀前半ハプスブルク支配下のネーデルラントが，顕著な経済成長を実現したことを示している。1510 年から 1560 年の時期について，控えめに見積もってもフランドルとブラバントの農業生産力は毎年 0.44% 上昇し，工業生産力上昇（特に繊維製品，食料品，建築関係，輸送関係）はなんと 0.92% にも達しているのである。第 1 次・第 2 次産業合計の生産力増加は，従って半世紀の間に 0.66% ということになる（図表 III-2）[1]。これはアンシャン・レジーム期南ネーデルラントにとって最も顕著な成長率だといえよう。こうした推計値に多少の疑問が残るとしても，農工業部門がそれまでなかったような仕方で国内生産力を刺激したということは，火を見るより明らかなのである。

---

1) 農工業生産のこうした推計については，なお大胆な試みであるが，以下の研究を参照されたい。Blomme, J. / Van der Wee, H., The Belgian Economy in a Long-Term Historical Perspective: Economic Development in Flanders and Brabant, 1500–1812, in Maddison, A. / Van der Wee, H. (éd.), *Economic Growth and Structural Change. Comparative Approaches over the Long Run. Croissance économique et mutation structurelle. Comparaisons dans le long terme* (session B13 — *Proceedings Eleventh International Economic History Congress, Milan, September 1994*), Milan, 1994, p. 91, tableau 5.

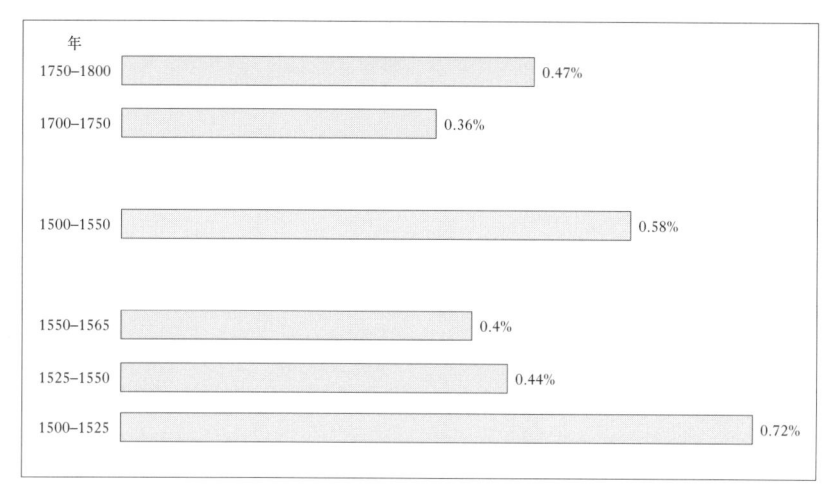

年	
1750–1800	0.47%
1700–1750	0.36%
1500–1550	0.58%
1550–1565	0.4%
1525–1550	0.44%
1500–1525	0.72%

figure III-2 ネーデルラントの年平均経済成長率(1500–1565年および1700–1800年)

2. 農業生産力の増大

　農業分野についていうと，農地賃貸や地代，農産物価格の顕著な増加が見られ，そのことは生産，流通，農業経営の安定した拡大を示している。収穫が増え，農業収益も増加したため，土地の取引価格は上昇を続けた。農地の所有や耕作に対する課税額も当然ながら引き上げられた。こうした状況は，15世紀に生じた不況から回復しつつあるという面から部分的には説明される[2]。地域によっては，生産力や生産規模が14世紀半ば時点，つまり中世後

---

[2] Cauchies, J.-M., Les Pays-Bas en 1492: l'aube d'un nouveau monde?, in *Cahiers de Clio*, 109, 1992, pp. 39–41; Scheelings, F. G., Pachtprijzen in midden- en zuidwest-Brabant in de zestiende eeuw. Enkele methodologische beschouwingen bij het schetsen van een landbouwconjunctuur, in *Bijdragen tot de Geschiedenis*, 65, 1982, p. 53; Van Uytven, R., Politiek en economie: de crisis der late XVe eeuw in de Nederlanden, in *Revue Belge de Philologie et d'Histoire*, 53, 1975, pp. 1097–1149. この経済回復については，Thoen, E., Oorlogen en platteland. Sociale en ekonomische aspekten van militaire destructie in Vlaanderen tijdens de late middeleeuwen en vroege moderne tijden, in *Tijdschrift voor Geschiedenis*, 91, 1978, p. 368（英語版 Thoen, E., Warfare and the Countryside. Social and Economic Aspects of the Military Destruction in Flanders during the Late Middle Ages and the Early Modern Period, in *Acta Historiae Nederlandicae. Studies on the History of the Netherlands*, 13, 1980, p. 30）を見よ。

期におけるあの農業大恐慌よりずっと前の水準に戻るのは,1550年頃ということもあった。とはいえ,多くの指標が農業成長の再開は16世紀前半だということを示している。レウヴェンにある大ベギン会修道院の敷地面積から判断すると,耕地拡大が相当なものであったことが分かる[3]。ティールモント近くのメルデルトという所では,それまで知られていなかった貢租義務に農民たちが諾々として応じていることが見て取れる[4]。また,ニヴェルにある聖ゲルトルード司教座聖堂参事会の耕作地について仔細に検討すると,穀物生産の上昇は単に過去の水準への回復にとどまるのではなく,一層の追加的な拡大を伴っていたことも分かるのである[5]。さらに,ブラバント公領西方の農村地域においては,世界市場アントウェルペンが拓いた潜在的成長力に,近隣の農民たちがうまく適合したのだった[6]。それまで長い間緩慢だった技術革新が,急速に進行し始めた。何百年にもわたって行われてきた三圃農法という土地の分割利用において,耕地面積の3分の1を占めた休耕地が利用されるようになった。そこには,小麦・ライ麦といった冬穀物,大麦・燕麦の夏穀物ではなく,豆類,飼料用穀物あるいは毛織物生産に用いられる染料用植物

---

3) Tits-Dieuaide, M.-J., Cereal Yields around Louvain, 1404–1729, in Van der Wee, H. / Van Cauwenberghe, E. (éd.), *Productivity of Land and Agricultural Innovation in the Low Countries (1250–1800)*, Louvain, 1978, p. 101, p. 104.

4) Tits-Dieuaide, M.-J., Peasant Dues in Brabant. The Example of the Meldert Farm near Tirlemont 1380–1797, in Van der Wee, H. / Van Cauwenberghe, E. (éd.), *Productivity of Land*, p. 114.

5) Daelemans, F., De tienden van het Sint-Gertrudekapittel van Nijvel (15e–18e eeuw): een eerste benadering. Bijdrage tot de conjunctuurstudie, in Verhulst, A. / Vandenbroeke, Chr. (éd.), *Productivité agricole en Flandre et en Brabant XIVe–XIXe siècle* (Centre belge d'études rurales, 56), Gand, 1979, p. 213, p. 218. また以下を参照されたい。Tits-Dieuaide, M.-J., L'évolution des techniques agricoles en Flandre et en Brabant du XIVe au XVIe siècle, in *Annales, Economies, Sociétés et Civilisation*, 36, 1981, p. 365, p. 378, n. 11.

6) Limberger, M., Merchant capitalism and the countryside. Antwerp and the west of the duchy of Brabant (XVth–XVIth centuries), in Hoppenbrouwers, P. / Van Zanden, J. L. (éd.), *From Peasants to Farmers? The Transformation of the Rural Economy and Society in the Coastal Areas of the Low Countries (Middle Ages-19th Century)* (Corn publication series, 4), Turnhout, 2001, pp. 170–173, p. 174; Id., *The Regional Economy of Western Brabant during the 15th and 16th Century: Structures and Change* (Working Paper; European University), Florence, 1991.

(大青・茜・モクセイソウ)が植えられるようになったのである。これらの革新はすでに 13 世紀に芽を出してはいたのだが[7]、ここに至ってともかくも完成した姿を見せる。また、カロリング期のカルッカと呼ばれるものに起源を持つ重量犂で、2 つの車輪を持つ型のものから 1 つの車輪と 2 つのハンドルを持つものが取って代わった。これにより全体が軽く扱いやすくなるとともに、鋤き返し作業が容易になったのである[8]。だがこのような新しい技術は、土壌・地質の大幅な改良や集約的農法を実現したに過ぎず、16 世紀前半における農業成長の中心的地位を占めるものではなかった。むしろ重要だったのは、13 世紀から 14 世紀に見られたように、多くの人口を抱える都市や農民たちが農産物を販売できる週市などの存在であった[9]。市場は、農民が自家消費する以上の農業生産を促したからである。追加的な農業収入は都市で良質の農機具購入に当てられたり、農業生産を拡大するのに役立つサービスに振り向けられたりした(例えば、農具一式の準備や肥料用の下肥集めなどである)。つまるところ、農業が今や著しく商業的色彩を帯び、自給自足の水準を超えて都市的拡大の中に組み込まれつつあったのである。

　しかしながら、ハプスブルク帝国繁栄の輝きはいずこも同じように光りそそいだわけではない。今見ている時期、ドイツ・ハンザやオランダの商人がバルト海地域の安価な穀物を大量に船に載せてネーデルラントへ輸出した。こうした動きに打撃を受けたのが、農業に大きく依存している地方、例えばブラバントとフランドルの各南部地域、エスベー地方であった。また 16 世紀半ばでも、例えばフルヌ地区などは技術革新からはほど遠い伝統的な営みを

---

7) Van Uytven, R., Vroege inbreuken op de braak in Brabant en de intensieve landbouw in de Zuidelijke Nederlanden tijdens de dertiende eeuw, in *Bulletin de la Société Belge d'Etudes Géographiques*, 53, 1984, pp. 63–72.

8) Lindemans, P., *Geschiedenis van de landbouw in België*, Anvers (2ᵉ éd.), 1994, vol. I, pp. 173–175; Van Houtte, J. A., *Economische en sociale geschiedenis van de Lage Landen*, Zeist / Anvers, 1964, p. 175.

9) Materné, J., Modificazioni del paesaggio agrario nei Paesi Bassi (X–XV secolo), in Villari, R. (éd.), *Studi sul paesaggio agrario in Europa* (Istituto A. Cervi, Annali, 10), Rome, 1989, p. 99; Van der Wee, H., Conjunctuur en economische groei in de Zuidelijke Nederlanden tijdens de 14e, 15e en 16e eeuw, in *Mededelingen van de Koninklijke Vlaamse Academie voor Wetenschappen, Letteren en Schone Kunsten van België. Klasse der Letteren*, 27, 1965, pp. 11–13.

続けていたのである¹⁰⁾。とはいえ，多くの地域は時宜に適った転進のすべを心得ていた。そのようなところでは人々は，例えばエルヴェ地方のように牧畜に特化したり，工業原料の栽培に専念していったのだった¹¹⁾。

3. 農村工業と都市工業

上述した工業原料の生産からも分かるように，新たな繁栄という農村の状況は農業分野においてのみ生じたのではない。それは多くを工業活動にも負っていた。農閑期はまさにぴったりの時期であり，都市の市場に近ければ，農村住民は完成品をすぐに販売することもできた。しかしながら，16世紀の農村工業とは新しい生産地の出現などではなく，以前から存在していたものの著しい拡大と考えるべきであろう。16世紀第2四半期には，工業成長の大きなうねりが生じたに違いなく，農村工業も農民たちによる単なる副業という状態を越えて，彼らの多くを工業労働者へと変貌させる中心的な営みとなっていった。多くの都市周辺で，ビール用ホップ製造業が発展した。それは例えば，アッスやパヨットランド，アンギャン地方，アールストやティールモンド，ポーペリンゲあるいはス・ヘルトーヘンボスといった地域である（本書第Ⅰ章参照）。そして農村のビール業が至るところで泡立った。ブラバント公領内でリエージュの飛び地であるフーガールデンが注目すべき例証であろう。また，ナミュール伯領の近郊，エノー伯領内の各地，ヴェスドル渓谷，ホワイユ盆地，デュルビュイやシメー地域では，釘やその他小型の鉄製品を産出するようになった。

多くの農村地帯，例えば現在のベルギー南部ワロン地方に存在した多くの

---

10) Vandewalle, P., Stabilité et perfection d'un système agricole: la châtellenie de Furnes, in *Annales, Economies, Sociétés et Civilisations*, 36, 1981, p. 388.

11) Van der Wee, H., The Agricultural Development of the Low Countries as Revealed by the Tithe and Rent Statistics, 1250–1800, in Van der Wee, H. / Van Cauwenberghe, E. (éd.), *Productivity of Land*, 11–12. アントウェルペン近隣と同様他にも穀物生産に特化した地域がある。これについては次のアントウェルペン大学の学位論文（未刊行）を見られたい。Limberger, M., *Sixteenth-century Antwerp and its rural surroundings. Social and economic changes in the hinterland of a commercial metropolis (ca 1450–ca 1570)* Anvers, 2000.

耕作地域周辺において，鍛冶工業や製鉄炉といった形で鉄鋼業が集中する一方，フランドル農村で中心的な地位を占めたのは繊維業部門であった。ここで生産されたのは「新毛織物」と呼ばれ，スペイン羊毛など低品質かつ安価な原毛を使用した多種類の製品で，かつて 11–13 世紀の大都市工業が製造した油を施して作っていた高級品ではない[12]。幾つか列挙すれば，全く油をつけない糸で作る薄手のサージはメヘレン近郊のデュッフェル，コンティヒ，ルムスト，ワーレムで生産された。また生成の灰色毛織物は，現在のリンブルク北部，例えばマーストリヒト，マースエイク，ウィールトなど，アントウェルペン後背地のカンピンヌ地方でヒールやモル，そしてティルブルク周辺で製造された。厚手のズック生地はテュルンハウト近くの村々で，またグラモンやアウデナルド地方では，つづれ織の生産が行われた。これらに加えて，塗油や縮充を省略したため「軽毛織物」に分類され，サーイと呼ばれた派手な色の製品がスヘルデ（エスコー）河流域のアルマンティエール，エック，ドラヌーテル，メーテレン，ニーウケルケなどで生産された。またホントスホーテはネーデルラント外に大量の毛織物輸出を行ったことでも知られている。ホントスホーテを示す「フンズクット」hundskutt やエスコー河にちなんで escot, ascot, scotto と呼ばれる毛織物は，ヨーロッパだけでなく中東や新大陸でも知れ渡ったのである。「質ではなくその色で売れている」[13]という 1540 年の言葉が示すように，新毛織物や軽毛織物は質ではなく，低価格と色合いの多さが市場での武器となっていた。

しかしながら，16 世紀を通じて農村繊維工業として成長が最も大きかったのは，麻織物工業であろう。それは 13 世紀から知られており，15 世紀に大きく伸張したものである。アト近辺を除いてエノーでは縮小したものの，16 世紀にはブラバント南西部とフランドルにおいて多数の村落で麻織が浸透していった。コルトレイクやエークロー，アウデナルデにおいて，麻織物市場

---

12) Munro, J., Patterns of Trade, Money, and Credit, in Brady, Th. A. / Oberman, H. A. / Tracy, J. D. (éd.), *Handbook of European History 1400–1600. Late Middle Ages, Renaissance and Reformation*, Leyde / New York / Cologne, 1994, vol. I, p. 176.

13) Van Uytven, R., What is New Socially and Economically in the Sixteenth Century Netherlands, in *Acta Historiae Nederlandicae. Studies on the History of the Netherlands*, 7, 1974, p. 34.

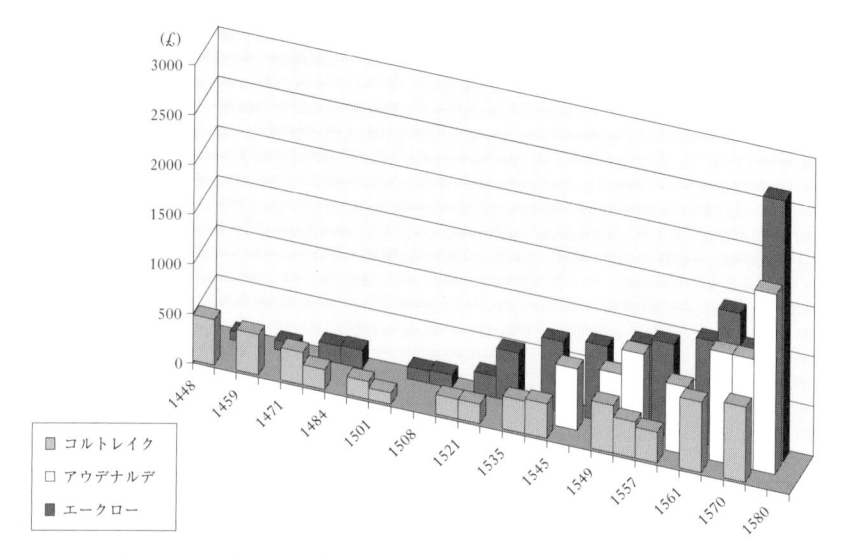

図表 III-3 麻の取引価格に対する間接税収入の比較(1448-1580 年)

は年々取引規模を拡大していったのを見ることができる(図表 III-3 参照)。それゆえ，麻織物生産者に対して，同時代「フランドルのここそこで見られる重要な職業」と評されたのも驚くことではない。こうして，一連の農村工業成長は，伝統的な都市工業の衰退を補完することとなった。都市工業は 16 世紀を通じてイングランド製品の台頭と農村的生産地の競合により，完全にその地位を失ったのである[14]。毛織物工業は常に雇用を生み出したが，他方でその労働者たちは常に景気変動による失業や賃金低下に直面していたのだった。

逆に，奢侈品製造といった特殊な加工業や最終処理技術を伴う工業，芸術品製造などの分野は全般的に好況を経験していた。具体的に見ると，家具，時計，楽器(ハープシコードやエピネット)，絵画や版画，装身メダル，祭壇画，刺繍やつづれ織，製本，クリスタル製品，鏡や高級ガラス，絹製品など

---

14) 毛織物工業都市の多くは，工業化しつつある農村へ移住することを織布工に禁じる必要に迫られるほどであった。Van Uytven, R., De sociale krisis der XVIe eeuw te Leuven, in *Revue Belge de Philologie et d'Histoire*, 36, 1958, pp. 357-358.

第III章　カール5世期南ネーデルラントの経済と社会

などの製造業が，膨大な利益をもたらした。とはいえ，その利益を手にしたのは，裕福な商人層か競争力や才能をもっていた親方手工業者たちだけであった。後述するが，一定の社会層の購買力上昇だけがこうした特殊な奢侈的製造業の成功を助けたのではない。君侯の家族あるいはブリュッセルやメヘレンという宮廷所在地に住む宮廷人や高位高官たちの奢侈的な生活が，貴族と商人，財をなした中産階層に模倣を促すような影響を与えたのである。こうして，高級商品の地元での需要が刺激された。アントウェルペンの繁栄も同じく輸出に有利に作用した。この世界市場を経由して楽々とすべての製品が遠隔の市場にもたらされたのである。恐らく，4分の1から3分の1の工業製品が輸出に向けられたであろう。ファン・デル・ウェーによれば，真の経済成長とはこのような工業品の輸出と結びついており，リスとソリーは国内市場の影響が，国際市場よりも重要である，という[15]。これまで見てきたことからすれば，これら2つの見解は必ずしも相反するものではないことが分かる。

4. アントウェルペンが支配する交易

生産の物的拡大は経済過程全体を含んでいるわけではない。パズルを完成させるには，16世紀には以前に増して経済的営みで重要性と国際性を担うようになった，商業活動に言及する必要がある。カール5世の治世期は，人がまさにアントウェルペン黄金の世紀と呼ぶ時代にぴったり合致している。むろん，現実にはそれが75年ほどの期間だったことは確かであるが。1495年から1565年にかけて，スヘルデ河下流に位置するこの港湾都市は，西欧を代表する商業の一大中心都市であった[16]。アントウェルペンは，中世後期の危

---

15) Van der Wee, H., Trade in the Southern Netherlands, 1493–1587, in Van der Wee, H., *The Low Countries in the Early Modern World* (Variorum), Aldershot / Hampshire, 1993, p. 108; Lis, C. / Soly, H., Different Paths of Development. Capitalism in the Northern and Southern Netherlands during the Late Middle Ages and the Early Modern Period, in *Review. A Journal of the Fernand Braudel Center for the Study of Economics, Historical Systems, and Civilizations*, 20, 1997, pp. 221–222.
16) 16世紀アントウェルペンの経済成長とその重要性については，ファン・デル・

機の後ヨーロッパ市場を目指すようになった新興商人勢力を磁石のように引きつけた。それは例えば，イングランド産毛織物の輸出商，穀物輸入業者，ホラントの乳製品生産者，南部ドイツの手工業者や金融業者，砂糖と香辛料を輸入するポルトガル商人たちだった。同時代の人口調査によると，都市内に住むこうした外来商人は 1,100 から 1,200 人であり，これに 400–500 人の地元ネーデルラント商人が加わる[17]。中世末期について，同じ南ネーデルラントのブリュッヘが一国を代表する都市だったか，それとも国際的な性格を持つ商業都市だったかを問題にする歴史家はいるとしても[18]，16 世紀前半のアントウェルペンがヨーロッパの国際交易の中核的地位を占めたことを疑う者はいないだろう[19]。先に述べたイングランド毛織物，ポルトガルの香辛料，バルト海地域の穀物，ドイツ南部の銅や銀に加え，イタリアからの絹，スペイン産羊毛，フランス，ライン流域，地中海を産地とするワインなど，かつ

ウェーの諸研究で既に語り尽くされている。特にここではその最も代表的な論考を挙げる。Van der Wee, H., Handel in de Zuidelijke Nederlanden, in *Algemene Geschiedenis der Nederlanden*, Haarlem, 1979, vol. VI, pp. 75–97.

17) Brulez, W., De Handel, in *Antwerpen in de XVIde eeuw* (Genootschap voor Antwerpse Geschiedenis), Anvers, 1975, p. 128.

18) Van Houtte, J. A., Bruges et Anvers, marchés 'nationaux' ou 'internationaux' du XIVᵉ au XVIᵉ siècle, in *Revue du Nord*, 34, 1952, pp. 89–108; Brulez, W., Brugge en Antwerpen in de 15e en 16e eeuw: een tegenstelling?, in *Tijdschrift voor Geschiedenis*, 83, 1970, p. 19（英語版 Brulez, W., Bruges and Antwerp in the 15th and 16th Centuries: an Antithesis?, in *Acta Historiae Nederlandicae. Studies on the History of the Netherlands*, 6, 1973, pp. 5–6）。この点についてはファン・アウトフェンの見解を見よ。Van Uytven, R., Stages of Economic Decline: Late Medieval Bruges, in Duvosquel, J.-M. / Thoen, E.（éd.）, *Peasants & Townsmen in Medieval Europe. Studia in honorem Adriaan Verhulst*, Gand, 1995, p. 261.

19) Van der Wee, H. / Materné, J., Antwerp as a World Market in the Sixteenth and Seventeenth Centuries, in Van der Stock, J.（éd.）, *Antwerp, Story of a Metropolis. Sixteenth-Seventeenth Centuries*, Gand, 1993, pp. 19–31（独語訳 Van der Wee, H. / Materné, J., Antwerpen als internationaler Markt im 16. und 17. Jahrhundert, in Feldenkirchen, W. / Schönert-Röhlk, F. / Schulz, G.（éd.）, *Wirtschaft-Gesellschaft-Unternehmen. Festschrift für Hans Pohl zum 60. Geburtstag*（Vierteljahrschrift für Sozial- und Wirtschaftsgeschichte, 120）, Stuttgart, 1995, pp. 470–499）; Van der Wee, H., Opkomst van een wereldstad: handel en nijverheid te Antwerpen van de veertiende tot de achttiende eeuw, in *Academiae Analecta. Mededelingen van de Koninklijke Vlaamse Academie voor Wetenschappen, Letteren en Schone Kunsten van België. Klasse der Letteren*, 49, 1987, pp. 8–13.

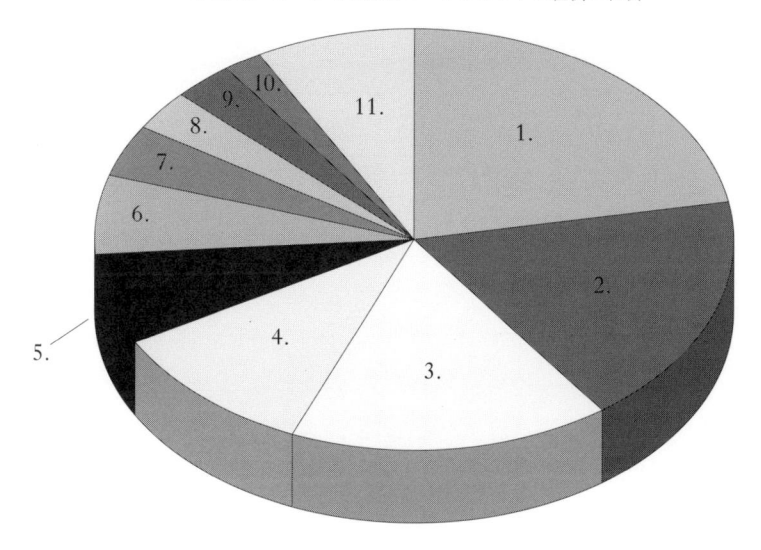

第 III 章　カール 5 世期南ネーデルラントの経済と社会　　　　　　　　　　63

1. □ イタリア産絹　　2. ■ 英国産毛織物　　3. □ バルト地方産穀物　　4. □ ポルトガルの香料
5. ■ スペイン産羊毛　6. □ フランス産ワイン　7. ■ ライン地方産ワイン　8. □ 地中海産ワイン
9. ■ 英国産羊毛　　10. ■ フランス産染料　　11. □ その他

図表 III-4　ネーデルラントの輸入品とその割合（1540 年頃）

てブリュッヘ市場で見られた商品もアントウェルペン市場で取引された（図表 III-4 参照）。15 世紀末の人口はおよそ 3 万人，1525 年には 5 万人，そして 1566 年には 10 万人もの規模に至っている。最後の 10 万人という数値が最大であり，その後は次第に減少に向かっていった[20]。

　スヘルデ河で繰り広げられる熱を帯びた経済活動は，──ベルギーの大歴史家アンリ・ピレンヌの言葉を借りると──アントウェルペン以外のネーデルラントをすべてその郊外の地位に見せてしまうほど力強いものであった。もちろんピレンヌの表現は誇張であるし，経済成長における地域的差異というものを無視している。アントウェルペン以外でも交易活動は行われていた。例えば 16 世紀ブリュッヘのありようを，19 世紀ロマン派による描写つまり

---

20)　Brulez, W., Anvers de 1585 à 1650, in *Vierteljahrschrift für Sozial- und Wirtschaftsgeschichte*, 54, 1967, p. 75.

「死の都市ブリュッヘ」と同じに考えるのは今や誤りである。ブリュッヘはなお南ネーデルラント最大の羊毛市場であり続け，イベリア半島と密接なつながりを保っていたからである[21]。アントウェルペンで取引される商品の質と量は，確かに，ネーデルラント経済の基本的方向を決定づけたり，変動する景気を持ち直す力をもつものではあった。1495年から1520年にかけての初期的拡大局面は，アントウェルペンの中継貿易機能に殆ど頼っていた。だがこの機能には限界があり，戦争や交易禁止措置などの影響をもろに受けた。1535/40年から1565/70年の間に生じた拡大の第2局面では[22]，アントウェルペン港が輸出向けの枢要な機能を保っていたとはいえ，輸出向けの工業生産をする都市と農村がアントウェルペンが行っていた中継商業を一部担うこととなった。輸出先についてみると，様々にある交易対象地がすべて同じ重要性を持っていたわけではない。16世紀には，南ネーデルラント貿易バランスは，スペイン，ポルトガル，イングランド，フランス，ドイツについて黒字で，バルト海地域とイタリアについては赤字となっていた。全体としてやや赤字と考えられ，対外債務の解消は，特にアントウェルペン金融市場での借り入れによってなされたのであった。

---

21) Phillips, W. D., Merchants of the Fleece: Castilians in Bruges and the Wool Trade, in Stabel, P. / Blondé, B. / Greve, A. (éd.), *International Trade in the Low Countries (14th–16th Centuries). Merchants, Organisation, Infrastructure. Proceedings of the International Conference Ghent-Antwerp, 12th–13th January 1997* (Studies in Urban Social, Economic and Political History of the Medieval and Early Modern Low Countries, 10), Louvain / Apeldoorn, 2000, pp. 78–79; Fagel, R., Spanish Merchants in the Low Countries: Stabilitas Loci or Peregrinatio?, in Stabel, P. / Blondé, B. / Greve, A. (éd.), *International Trade in the Low Countries (14th–16th Centuries)*, pp. 88–95.

22) ここはファン・デル・ウェーの説による。Van der Wee, H., Trade in the Southern Netherlands, p. 87, pp. 91–98, pp. 101–108. なお同様な見解については，右の諸研究を参照されたい。Soly, H., Le grand essor du capitalisme commercial: villes et campagnes, in Witte, E. (éd.), *Histoire de Flandre: des origines à nos jours*, Bruxelles, 1983, p. 111; Van Damme, I., Het vertrek van Mercurius. Historiografische en hypothetische verkenningen van het economisch wedervaren van Antwerpen in de tweede helft van de zeventiende eeuw, in *NEHA-Jaarboek voor economische, bedrijfs- en techniekgeschiedenis*, 66, 2003, p. 12.

5. 購買力

　カール5世の時代は，物価が上昇したことでよく知られており，それは研究対象ともなっている。この「価格革命」を説明するのに，貨幣論的な解釈がひところしきりに試みられたものである[23]。1545年，一見なんでもないような出来事が重なり，ヨーロッパ貨幣史に一連の衝撃波を生じさせることになった。まず，ペルー(現在のボリビア)のポトシで地元民がまったく偶然に銀鉱山を発見した。銀鉱脈の地層が見つかった山はチェロ・リコと呼ばれさっそく採掘が始まった。また同じくらい豊富な鉱脈を持つメキシコ北部のザカテカスも同じ運命を辿る[24]。まさに銀の雨ともいうべき状況が世紀半ば以降ヨーロッパに注ぎ始め，それは，その後長らくあの有名な16世紀の価格革命をもたらしたのであった。しかしながら南ネーデルラントの様々な価格は，既に1500年頃には上昇を始めており，1515年以降それは加速した。当然この事態は，南米産の銀を積んだ最初のスペイン船がセビリア港へ到着するずっと以前ということになる。そもそもネーデルラントの価格上昇は，主に中央ヨーロッパ産の銀や西アフリカと新大陸産の金を原料とする大量の貨幣供給の結果であった[25]。16世紀第2四半期から，人口拡大と信用形態の多様化によって貨幣流通速度が増大し，それが一般的な価格を押し上げる作用を果たしたのである[26]。重要なことは，食料価格が上昇しても工業製品はそれほどでもなく，いや，繊維製品のように価格が上昇しないことや，奢侈品のように低下することさえしばしばあったことであろう。南米産の銀がインフ

---

23) Aerts, E., De economische geschiedenis van het geld tijdens het ancien regime. Kennismaking met een discipline, in *Revue belge de Numismatique et de Sigillographie*, 140, 1994, p. 49.

24) Baudot, G., *La vie quotidienne en l'Amérique espagnole de Philippe II au XVIᵉ siècle*, Paris, 1981, pp. 167–169; Chaunu, P., *Séville et l'Amérique aux XVIᵉ et XVIIᵉ siècles*, Paris, 1977, p. 152, p. 208.

25) Munro, J., The Central European Silver Mining Boom, Mint Outputs, and Prices in the Low Countries and England. 1450–1550, in Van Cauwenberghe, E. (éd.), *Money, Coins, and Commerce: Essays in the Monetary History of Asia and Europe (From Antiquity to Modern Times)* (Studies in Social and Economic History, 22), Louvain, 1991, p. 136, p. 145, p. 153.

26) Munro, J., Patterns of Trade, Money, and Credit, p. 173.

都市名	アロスト	アントウェルペン	ブリュッヘ	ブリュッセル	ディースト	レウヴェン	リール	メヘレン
1500–1510	15	12.5	16	15	12	12	12	12
1511–1520	15	14.5	15	15	12	12	12	13
1521–1530	15	16	18	16	12	12	12	15
1531–1540	15	17	16.5	18	12	12	12	15
1541–1550	15	22	15	18	15	12	16	17
1551–1560	17	25	18	21	16	14	18	20

図表 Ⅲ-5 親方石工職の夏の都市別賃金(1500–1560 年)
(ブラバント・グロート貨表示による 10 年ごとの平均)

レ的な影響を与えるようになるのは，16世紀半ばを過ぎてからのことなのである。

最近の研究から見れば，上述したような16世紀ヨーロッパの価格変動については見直しが必要であろう。年平均でいうと6%の価格上昇率であり，それは幾つかの商品が世紀の始めに比べ，終わりには6-7倍の価格となったことを意味する。しかし，この修正値で見るインフレはそれ自体劇的な結果を社会にもたらしたのだった[27]。というのも，生活費増大分を補うはずの賃金引き上げは物価上昇からずっと遅れ，職種や場所によってかなり違うとはいえ，ブリュッセル，メヘレン，アントウェルペンなどの大都市を除くと，賃金上昇は1540年頃，場合によっては1550年にようやく見られたからである(図表Ⅲ-5参照)。物価と賃金動向のずれは，人々の実質購買力を失わせることとなった。カール5世が退位したころ，ライ麦と小麦の分量で量った購買力は，16世紀始めに比べ50%も落ちているのが分かる[28]。世紀半ばを過ぎた頃，フランドルに派遣されてやってきたヴェネチア人は，そこは豊かで人口の多

---

27) 価格上昇の結果については多くの研究があるが，その決定版とも言えるのは55年の旧版を見直した次の論文であろう。Verlinden, Ch. / Craeybeckx, J. / Scholliers, E., Price and Wage Movements in Belgium in the Sixteenth Century, in Burke, P. (éd.), *Economy and Society in Early Modern Europe. Essays from "Annales"*, Londres, 1972, pp. 55–84.

28) Scholliers, E., Le pouvoir d'achat dans les Pays-Bas au XVIe siècle, in *Album offert à Charles Verlinden à l'occasion de ses trente ans de professorat*, Gand, 1975, pp. 318–330, graphiques 1, 3, 5, 11, 13.

いところであるが，非常に物価が高いといい，「イタリアの物価を 2 とすると，ドイツでは 3，フランドルでは 4 か 5 の値段である」と評している[29]。1555-1560 年を過ぎると，賃金は急激に上昇する。アントウェルペンとその経済影響圏では，一般的な価格上昇を上回る勢いであった。

6. 経済・社会的不均等

これまで見てきたのは，人口・農工業および商業の状態であり，それらから見れば 16 世紀前半のハプスブルク・ネーデルラントで力強い経済成長があったことに間違いはない。実際のところすべての経済的な営みで生産量は増大したし，あらゆる経済部門の生産力も上昇している。国内総生産でも国民所得の面でも，1550 年頃は半世紀前の状況に比べ大きく上回っていることは明らかである。カール 5 世治下，大量の銀が流入し，多くの人々が経済状態を改善した。豊かな人間はより豊かになったのである。このことは恐らくヨーロッパの各地についても当てはまるであろう。が，ネーデルラント南部については特にそうであった。日の没することのないハプスブルク大帝国において，その他の地域以上にネーデルラントの経済成長は大きかった。ヨーロッパ経済はまさにそこでこそ脈打っていたのである。ブロックマンスのいう通り，他の諸国と比較してもカール 5 世の政府は大幅な黒字決算を示している[30]。カール治下のこうした情勢によって，ネーデルラントは社会的混乱を殆ど見ることがなかった。もちろん，繁栄は均一でもなく，またその過程ではしばしば争乱もあるにはあったが，シュワーベン，フランコニア，チロル，ザルツブルク，アルザスやチューリンゲンといった各地で，1524 年から1525 年にかけて発生したような大規模農民反乱は見られないのである。また，アラゴンで 1521 年に勃発した，手工業者かそれよりやや下層の人々の内乱も

---

29) ブローデルによる引用。Braudel, F., *La Méditerranée et le Monde méditerranéen à l'époque de Philippe II*, Paris, 1949, p. 520.

30) Blockmans, W., *Keizer Karel V 1500-1558. De utopie van het keizerschap*, Louvain, 2000, p. 251. 次の英語版も見よ。Blockmans, W., *Emperor Charles V, 1500-1588*, Londres, 2002, p. 183.

ネーデルラントでは見られない。ヘントで起った騒擾があるにはあるが，それとてカスティリア諸都市の市民反乱(1520-1521 年)には較べるべくもないものだった。ヨーロッパのどこを見渡しても，南ネーデルラントの教育水準や識字率の高さに及ぶところはない。そこでは，行政分野でかつて見られないほどの仕方で大学教育が利用されていた。外交担当者，軍人，人文学者やルネサンス期フランドルの高名な芸術家たちが，ヨーロッパの芸術・文化・社会に多大な貢献をしたことはいうまでもなかろう[31]。

しかし今日に較べれば，16 世紀の経済成長は，すべての人々に充足をもたらしたわけではなかった。所得格差は非常に大きく，富の分配も極めて不均等だったからである。最も豊かな者，例えばアントウェルペンの企業家で投資家だったギルベール・ファン・スホーンベーケ，商人家系のデッラ・ファーイ，ド・スミット，シェッツ，ファン・ブルーゼゲム家などの資産は，熟練手工業者の年収を軽く千倍，二千倍上回るものであった。こうした所得格差は，何よりもまず各人が社会の中で果たす職能とその差異によってもたらされた[32]。事実，社会の構成員それぞれの地位は好況にこそ支えられていたのである。大規模ないし中規模の商人は全体として商業と金融の大きな成長に恵まれていたし，中産層を代表する多数の手工業者——吹きガラス工，刺繡工，ダイヤカット工，時計製造人からビール醸造業者，パン屋と肉屋に至るまで——は，顧客の需要と購買力の高まりに利益を獲得し，他方で大・中規模の農民たちは，穀物価格の上昇に恩恵を蒙った。その他の社会層は逆に，こうした幸運な人々の尻ぬぐいをさせられた。中でも，安い賃金で雇用された多くの農業労働者は，大規模化する自作農に死ぬほど働かされたのだ。都市の大多数を占める下層手工業者も同じようなものだった。特に伝統的な毛織物工業といった衰退しつつある分野の労働者たちは，生活費の高騰に賃

---

31) そうした事例を具体的に網羅したマースたちの研究を見よ。Maes, F. (éd.), *De klanken van de keizer. Karel V en de polyfonie*, Louvain, 1999; Schreurs, E. (éd.), *De schatkamer van Alamire. Muziek en miniaturen uit keizer Karels tijd* (*1500-1535*), Louvain, 1999; Vanpaemel, G. / Padmos, T. (éd.), *Wereldvijs. Wetenschappers rond Keizer Karel*, Louvain, 2000.

32) Soly, H., Le grand essor du capitalisme commercial, pp. 112-120.

第 III 章　カール 5 世期南ネーデルラントの経済と社会

金上昇が追いつかず，また失業の増大にもよって，辛酸を嘗めたのである。
　地理的に見ても，実は経済的充実は必ずしも均一ではなかった。例えば，フランドルやブラバントといった南ネーデルラントの経済情勢は，その他の領邦に比べてずっと良好だった[33]。ブラバント公領ではアントウェルペン繁栄の光が，陰となるような地帯のせいで一部遮られていた。そうしたところでは，スヘルデ河の都市アントウェルペンとの競争で経済が落ち込み，高熟練労働者たちの離散を招いた。ハーゲラント地方の諸都市，アールスホット，ディースト，レーウ，ティールモンド，そして部分的にはレウヴェンがそうした事情を雄弁に物語っている。だがその他の所，アントウェルペンに近いカンピンヌ地方や北ブラバントの小都市 (リール，ヘーレンタルス，トルンハウト，ス・ヘルトーヘンボス，ベルゲン・オプ・ゾーム)でさえ，アントウェルペンに比べるとその経済成長はぐっと色褪せて見える[34]。しかもここでひとつ疑問が生じる。アントウェルペンの経済的拡大によって，国際商業に資本が吸い上げられてしまい，それ以外の比較的成長率の低い部門に不可欠な資本が回らなくなったのではないか，ということである[35]。貧困現象は既に 15 世紀に始まってはいたが，繁栄を描いた当時の初期フランドル派の絵画に

---

33) 十分の一税の徴収額で見ると，フランドルとブラバントの寄与は全体の 60% を占めており，それは援助金割当率とほぼ同様であった。Stabel, P. / Vermeylen, F., *Het fiscale vermogen in Brabant, Vlaanderen en de heerlijkheid Mechelen: de Honderste Penning van de hertog van Alva* (*1569-1572*) (Commission royale d'Histoire), Bruxelles, 1997, p. 11, p. 28.

34) Van Uytven, R., In de schaduwen van de Antwerpse groei: het Hageland in de zestiende eeuw, in *Bijdragen tot de Geschiedenis*, 57, 1974, pp. 171-188; Aerts, E., *Het bier van Lier. De economische ontwikkeling van de bierindustrie in een middelgrote Brabantse stad* (*eind 14de-begin 19de eeuw*) (Verhandelingen van de Koninklijke Academie voor Wetenschappen, Letteren en Schone Kunsten van België. Klasse der Letteren, 58, 161), Bruxelles, 1996, p. 178; Blondé, B., The "Reconquista" and the Structural Transformations in the Economy of the Southern Netherlands, in *Las sociedades ibéricas y el mar a finales del siglo XVI*, 1998, vol. V, pp. 193-194; Stabel, P. / Vermeylen, F., *Het fiscale vermogen in Brabant*, p. 51.

35) Van Uytven, R., Antwerpen: Steuerungszentrum des europäischen Handels und Metropole der Niederlande im 16. Jahrhundert, in Sicken, B. (éd.), *Herrschaft und Verfassungsstrukturen im Nordwesten des Reiches. Beiträge zum Zeitalter Karls V. Franz Petri zum Gedächtnis* (*1903-1993*), Cologne / Weimar / Vienne, 1994, pp. 15-16.

殆どそれは現れてこない。だが16世紀に至ると，貧者や浮浪者は社会の中で無視できないほどあふれかえるようになった。ピーター・ブリューゲルやジェローム・ボッシュなどの絵画には，そうした下層民たちが背景中に当然の如く登場し始めるのである[36]。

7. 伝統と革新

　16世紀は近世の一部を形成しており，アングロ−サクソン史学においては「近世初期」と呼び習わしている。今日歴史家の中に，社会経済史の流れに急な途絶や乱暴な断絶があったと考える者は殆どいない。従って大きな変遷もまた連続的だといえる。この連続説の立場は，いわゆる19世紀革命と対比して近世を再評価しようという動きを生み出してきている[37]。他方，そうした見解は，16世紀起源の革新的な要素と中世以来の伝統的要素との共存を包み隠してしまう，という危険性を孕む[38]。16世紀の人口増加率は中世の数値を大幅に上回っている。しかし，ブラバントとフランドルは，都市化や人口密度という点で他の領邦とは比べものにならないほどの地位を，その前の世紀から引き続いて占めていた。農業部面では早くも13世紀から重要な特徴となっていたのだが，生産物の流通，耕作の多様化，地域的な特化といった現象が，より一般的な分野で速度を速めて姿を現すようになった。16世紀には，土地と労働の生産性が，亜麻やアブラナ，カブの耕作によって増大し，世紀半ばにはその植え付けが大きく拡大したのである[39]。工業面では、大量生産

---

36) これについては Van Uytven, R., De sociale krisis der XVIᵉ eeuw te Leuven, p. 387 を参照。

37) Van Zanden, J. L., The 'revolt of the early modernists' and the 'first modern economy': an assessment, in *The Economic History Review*, 55, 2002, pp. 619–621.

38) そうした有力な主張をするものとして次の研究を挙げよう。Van der Wee, H., *The Growth of the Antwerp Market and the European Economy*（*Fourteenth-Sixteenth Centuries*），3 vols., Paris / La Haye, 1963.

39) Thoen, E., Technique agricole, cultures nouvelles et économie rurale en Flandre au bas moyen âge, in *Plantes et cultures nouvelles en Europe occidentale, au Moyen Age et à l'époque moderne*（Centre belge d'histoire rurale, 107），Gand, 1993, p. 54, p. 58; Verhulst, A., *Précis d'histoire rurale de la Belgique*, Bruxelles, 1990, p. 121, p. 142. また単線的成長については次の諸論を見よ。Van der Wee, H., Industrial Dynamics and the Pro-

第 III 章　カール 5 世期南ネーデルラントの経済と社会　　　　　　　　71

と規格化が進捗し，農村工業も成長した。以前にも増して農村工業は輸出の動向に左右されるようになった。労働のリズムは早くなり，人々は以前に増して長い時間，より過酷に働くようになった。しかもそれは，手工業ギルドの制約のない規模の大きい作業場を選好するようになったうえでのことである[40]。こうした傾向は，印刷，絹工業，砂糖生産，吹きガラス工業など大きな資本を伴う，16 世紀に出現した新規工業に特徴的である。もちろんここで述べているのは，18 世紀になってやっと終着点に至るような，非常に緩慢な成長の初期の状態である。中世と同様，工業を支配していたのは依然として商業であった。多数の商人たちが一群の工業労働者を安い賃金で働かせていた。大商人たちは原料を調達し，完成品を販売することができた。植民地の展開につれて，商業はより国際的にいや世界的にさえなったが，他方で同時により民主的になった。なぜなら中小の商人がこの頃から大規模国際貿易に乗り出す野望を見せ始めたからである。委託・代理人商業の形態によって，数多くのネーデルラント商人たちが舞台に躍り出ることになった。その前の 15 世紀段階では，彼らはこうした地位をイタリアの大規模な金融企業や会社に殆ど完全に握られていたのである[41]。

　貨幣の分野については，カール 5 世は先達の重金主義を継続した[42]。これは，脈絡や統一性があろうとなかろうとしゃにむに領土内で金銀を引き寄せ，

---

　　　　cess of Urbanization and De-Urbanization in the Low Countries from the Late Middle Ages to the Eighteenth Century. A Synthesis, in Van der Wee, H. (éd.), *The Rise and Decline of Urban Industries in Italy and in the Low Countries* (*Late Middle Ages-Early Modern Times*) (Studies in Social and Economic History, 1), Louvain, 1988, p. 346; Van der Wee, H. / Van Cauwenberghe, E., Histoire agraire et finances publiques en Flandre du XIVe au XVIIe siècle, in *Annales, Economies, Sociétés et Civilisations*, 28, 1973, p. 1059.

40)　Van Uytven, R., What is New Socially and Economically, p. 32.

41)　Brulez, W., *De firma della Faille en de internationale handel van Vlaamse firma's in de 16e eeuw* (Verhandelingen van de Koninklijke Vlaamse Academie voor Wetenschappen, Letteren en Schone Kunsten van België. Klasse der Letteren, 35), Bruxelles, 1959, pp. 366–370; Brulez, W., De Handel, p. 130; Van der Wee, H., Monetary, Credit and Banking Systems, in Rich, E. E. / Wilson, C. H. (éd.), *The Cambridge Economic History of Europe*, Cambridge / Londres / New York / Melbourne, 1977, vol. V, p. 324.

42)　Van Uytven, R., What is New Socially and Economically, p. 19.

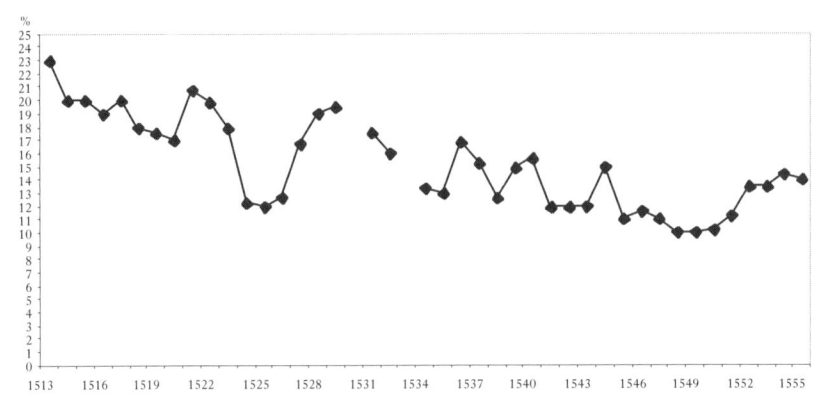

図表 III-6 アントウェルペン市場における短・中期利子率の変動（1513–1555年）

守ろうとすることに主眼をおく政策である。ブルゴーニュ公家を継ぐ者として、皇帝カールの関心事は、銀貨に手を付けないことにも向けられていた。貧者を慮ってのことであり[43]、それには殆ど成功していた。しかし、金貨と銀貨の交換比率を一定に保ち、祖父にならって複本位制を定着させようとした彼の試みは失敗に終わった。とはいえ、統治終了間際にカール5世は、自身で導入したフロリンとパタールを使った計算貨幣システムが動き始めるのを見定めることはできたのである[44]。16世紀貨幣市場で最も「近代的」な要素といえば、貨幣総量の増大と流通速度の上昇であろう。前者は大量の金銀が流入したことによるものであり、後者は新しい信用技術の出現と浸透によっている[45]。この2つの要因によって銀が安価となったため、利子率が下

---

43) Henne, A., *Histoire de la Belgique sous le règne de Charles-Quint*, Bruxelles / Paris, 1865, vol. IV, p. 262.
44) Coenen, D., Une vaine tentative de stabilisation monétaire dans les Pays-Bas (1541–1555), in *Revue Belge de Philologie et d'Histoire*, 68, 1990, pp. 830–832, p. 841, pp. 844–845.
45) ファン・デル・ウェーは16世紀の金融技術の革新について詳細に論じている。Van der Wee, H., Anvers et les innovations de la technique financière au XVIe et XVIIe siècles, in *Annales, Economies, Sociétés et Civilisations*, 22, 1967, pp. 1067–1089; Van der Wee, H., *Monetary, Credit and Banking Systems*, pp. 322–332. 他方ブリュレ（Brulez, W., De Handel, pp. 132–135）は、信用形態についてもある程度注目するものの、信用創造過程におけるアントウェルペンの貢献を非常に小さく見積もる。

落し，上位権力を持つ者は借り入れをすることが容易になった(図表 III-6 参照)。しかしながら，貨幣総量の増大が本当に恵みをもたらしたかどうかは疑問の余地がある。銀が豊富に流通し，すでに需要が増大したために上昇していた物価をさらに刺激することになったからである。インフレは数十年にわたって人々の生活を暗いものにした。上位権力者自身も，低金利状態の影響を部分的に受けた。公的債務が大きく膨張したことにより，スペイン王室は1557年に財政破綻をきたし，その後続く一連の支払停止の最初の例となった。老いた皇帝カールと息子のフェリペ2世にとって唯一の慰めは，不倶戴天の敵フランス王室が同じ時に破産したことであった[46]。従って，新しい貨幣の出現と信用の新技術の社会的影響については，割引して考慮する必要がある。アントウェルペン証券取引所は1531年に建設，翌年開場されたが[47]，そこに一般大衆が足を踏み入れることは決してなかったし，手形がどのようなものか正確には知らず，まして裏書するようなこともなかった。さらにいえば，そうした人々が金貨や重量のある新銀貨を見たことがあるかどうかさえ怪しいのである。当時熟練親方が1フロリンの金貨か銀貨の手間賃で3-5日分の仕事をしていたことを思えば，これらの貨幣を支払いのためにちゃんとした財布にいれるよりは，へそくり場所にでも持っておくという方が恐らく普通のことだったであろう。

結 論

いうまでもないことであるが，カール5世の帝国を単なる政治的システムと捉えるのは間違いである。実際にはそれは経済的な枠組みだったのであって，そこではヒトのコミュニケーションやモノの売買・移動そして金融取引が容易であり，また，資産の独占・集中と流動化を通じて，資本家的エリートが海外派兵への融資や工業分野への投資をそれまでにない次元で行えるよ

---

46) Van der Wee, H., *Monetary, Credit and Banking Systems*, p. 366.
47) Materné, J., Belle et utile pour le rassemblement des marchands. La bourse d'Anvers au cours du siècle d'or, in De Clercq, G. (éd.), *A la bourse. Histoire du marché des valeurs en Belgique de 1300 à 1990*, Paris / Louvain-la-Neuve, 1992, pp. 56-60.

うになったのである。南ネーデルラントの経済はそれまでにも常に開かれた性格をもっていたが，16世紀には真に国際的な機能をもつようになった。というのも，アントウェルペン金融市場が地域間決済の重要な結び目となったからで，それはスペインのさまざまな年市とジェノヴァ・フィレンツェ・ミラノ・ヴェネチアなどイタリア金融市場とをつないだのである[48]。このようにして，アントウェルペン金融界は，ブザンソン年市での金融取引に，またカスティリア税制と新大陸の銀市場とに密接に重なり合うことになった。

　あの有名な官房長官メルクリーノ・アルボリオ・ディ・ガッティナーラは，1520年には帝国全体の金融的統一が可能だと確信していた。なぜならこの時彼は，ネーデルラント，神聖ローマ帝国，ブルゴーニュ公国の為替レートをスペインのデュカ貨幣を軸に固定することを提案しているからである。とはいえ，実際にはこれが実現しなかったという事実は意味深長である[49]。ハプスブルク帝国の統合とその経済成長における意義とを過大評価するべきではなかろう。ヨーロッパの経済成長は，カールが生まれる半世紀も前に口火を切っており，しかも16世紀よりずっと以前から経済成長が諸国の領土内で収まったことはないからである。カール5世の政治的複合体の内部で，ある有力な都市を核として地域的な網の目がいくつも発展した事例を見て取ることはできる。しかし各々の網の目は独自の性格を保持していた。巨大な帝国は逆に凝集力と統一性を欠いており，結局のところそれはカール5世という個人に根ざした結合体の水準を超えることはなかった。従ってそれは皇帝自身とともに姿を消す運命にあったのだ。カール5世自身，自分の帝国でありながら，ついに統一されることのなかった諸国の至る所でよそ者であり続けたのである。また，皇帝とその側近たちは真に経済政策と呼べるものを導入することはなかった。危機的状況や金融・財政上の必要に迫られての，その場しのぎの措置を講じたに過ぎないのである。

---

48) 国際的金融網に関する多くの情報が次の文献に記されている。Boyer-Xambeu, M.-Th. / Deleplace, G. / Gillard, L., *Monnaie privée et pouvoir des princes. L'économie des relations monétaires à la Renaissance*, Paris, 1986.

49) Gorter-Van Royen, L.V.G., *Maria van Hongarije, regentes der Nederlanden. Een politieke analyse op basis van haar regentschapsordonnanties en haar correspondentie met Karel V*, Hilversum, 1995, p. 44.

第 III 章　カール 5 世期南ネーデルラントの経済と社会　　　　　　　　　　75

　最後に，帝国の経済的基礎も極めて脆弱だったことを指摘しよう。農業，商工業そして金融業ともに，全体として覇権的な状態が持続するほど拡大したわけではない。この点，その後 17-18 世紀に見られるネーデルラント連邦共和国やイングランドの発展とは異なっている。金の一葉のような例外的な輝きは 60 年を経て失われ，その後数年を待たずして厳しい国際経済の危機が地域経済に投影されるようになる。歴史家たちは最近，カール 5 世の息子フェリペ 2 世期に始まったオランダ独立(80 年)戦争のみに衰退原因を求めるのは正しくない，という説を主張している。たとえ戦乱がなかったとしても，経済的重心は南ネーデルラントから，より繁栄を遂げつつあった北のホラントやゼーラントの港町へと移っていたであろう。アントウェルペン市場は，地中海経済圏との結びつきをあまりに強く持ちすぎていたのではないか50)。宗教や政治の混乱がどのような影響をもったかは別にして51)，キリスト教的普遍性に裏打ちされた帝国たるべしという皇帝の夢は52)，経済的な利益を上げはしたものの，16 世紀半ば頃には早くもそのツケを支払わされるようになったのである。

　ではその利益とは何か？　カール 5 世は莫大な資産を手にし，ためらうことなくそれを政治的野望の実現手段とした。臣下たちが税収に多大な努力を払っているにもかかわらず53)，この皇帝は次第に財政問題に足下を取られる

---

50)　Baetens, R., *De nazomer van Antwerpens welvaart. De diaspora en het handelshuis De Groote tijdens de eerste helft der 17de eeuw* (Gemeentekrediet van België. Historische Uitgaven, reeks in-8°, 45), Bruxelles, 1976, vol. I, pp. 61-65; Scholliers, E., De eerste gevolgen van de scheiding. De sociaal-economische conjunctuur 1558-1609, in Craeybeckx, J. / Daelemans, F. / Scheelings, F. G. (éd.), '*1585: op gescheiden wegen…*'. *Handelingen van het colloquium over de scheiding der Nederlanden, gehouden op 22-23 november 1985, te Brussel* (Colloquia Europalia, 6, Centrum voor Sociale Structuren en Economische Conjunctuur Vrije Universiteit Brussel), Bruxelles, 1988, p. 50.

51)　最後にブラバントについては Klep, P.M.M., Religious War in the Low Countries. Some Observations on Long-Term Effects of Boundary Drawing (16th-17th Centuries), in Usunáriz Garayoa, J. M. (éd.), *Historia y Humanismo. Estudios en honor del professor Dr. D. Valentín Vázquez de Prada*, vol. I, Pamplona, 2000, pp. 131-146 を見られたい。

52)　Maland, D., *Europe in the Sixteenth Century*, Londres (2ᵉ impr.), 1975, p. 206, p. 245.

53)　Blockmans, W., Les sujets de l'empereur, in Soly, H. (éd.), *Charles Quint 1500-1558 et son temps*, Anvers, 1999, p. 249.

ようになっていった。主な懸念はいうまでもなく戦争の災禍である。カールが治めた41年のうち，実に23年間も戦争状態にあった[54]。1522年，対フランス戦が危機的な局面に突入した際，軍事費は国費総支出の70%以上を占めるに至ったのである[55]。20年後，帝国政府は来たる数ヵ月間の戦争遂行に要する費用を240万フロリンと見積もった。熟練レンガ工の高い手間賃が1日0.3フロリンの時代にである！　戦争遂行こそは，皇帝の長い統治を支える一本の力線であり，彼はそのことを意識せざるを得なかった。統治期間中の交戦状態が，正当なものであることを説く必要性を幾度も痛感し，実際，多くの戦争は自衛権に基づいておりかつ欠くべからざるものである，と強調してもいるのである[56]。カール5世による間断ない戦役は，帝国財政に破滅的な結果をもたらした。収入に対して100万から150万リブラの赤字は珍しいことではなかった[57]。短期借入は膨れあがり，1556年には700万リブラにも達している[58]。この時の巨額債務に対する支払利子だけでも，毎年140万フロリンだったのである。

　1557年夏の帝国破産とその数年後に勃発する内乱とを考え合わせると，

---

[54] Blockmans, W., *Keizer Karel V 1500–1558*, p. 193; Id., *Emperor Charles V*, p. 139.

[55] Van Cauwenberghe, E., *Het vorstelijk domein en de overheidsfinanciën in de Nederlanden (15de en 16de eeuw). Een kwantitatieve analyse van Vlaamse en Brabantse domeinrekeningen* (Gemeentekrediet van België. Historische Uitgaven, reeks in-8°, 61), Bruxelles, 1982, p. 345.

[56] 例えば，皇太子へあてた1548年の遺言状や，1555年の議会における離別演説を見よ。Laurent, R. / Soenen, M., *Charles Quint et Bruxelles. Exposition organisée aux Archives Générales du Royaume à l'occasion du 500e anniversaire de la naissance de Charles Quint* (Service éducatif, catalogues, 165), Bruxelles, 2000, p. 89, n° 76. 1521年8月カレーで行われた外交交渉において，既に官房長官は次のように述べている。「皇帝陛下は常に平和を望み，侵略に対してのみ，臣民による軍隊にてこれへ報復せんとするのである」と（Archives générales du Royaume à Bruxelles, Manuscrits divers, n° 302, f° 7, f° 19）。

[57] Baelde, M., *De domeingoederen van de vorst in de Nederlanden omstreeks het midden van de zestiende eeuw (1551–1559)* (Commission royale d'Histoire), Bruxelles, 1971, pp. 45–46.

[58] Blockmans, W., The Low Countries in the Middle Ages, in Bonney, R. (éd.), *The Rise of the Fiscal State in Europe, ca. 1200–1815*, Oxford, 1999, p. 305; Van Cauwenberghe, E., *Het vorstelijk domein en de overheidsfinanciën*, p. 349, n. 153; Van der Wee, H., *Monetary, Credit and Banking Systems*, p. 370.

カール5世が1556年にフェリペ2世へ帝位を譲ったのは彼自身にとっては時宜に適ったものだったことになる。無論我々の目から見ると，その時点では，57歳の老カールがどのような遺産を息子に押しつけたのか，知る由もなかったことははっきりしているのではあるが。

著者紹介

エーリック・アールツ（Erik AERTS）

1954 年生まれ
1986 年 9 月～2001 年 5 月　　ブリュッセル国立文書館第一研究員～主任研究員
2001 年 6 月～2004 年 9 月　　アントウェルペン国立文書館館長
1999 年 10 月～2004 年 9 月　　カトリック・レウヴェン大学歴史学科兼任教授
2004 年 10 月～現在　　　　　同上　専任教授

1988 年　カトリック・レウヴェン大学博士号（Ph.D.）取得
　　　　学位論文："*Bier, Brouvers en Brouwerijen in Lier. Institutionele, sociale en economische aspecten van een stedelijke industrie tijdens de late middeleeuwen en de nieuwe tijd（1400–1800）*"（4 vols., 1255 pp.）

主要業績
De centrale overheidsinstellingen van de Habsburgse Nederlanden（1482–1795）, Brussel, 2 vols., 1994.（共編）
Geschiedenis en archief van de Rekenkamers, Brussel, 1996.
L'histoire institutionnelle du duché de Brabant pendant l'Ancien Régime: état de la recherche, in *Revue belge de philologie et d'histoire*, t. 80, 2002.
Welvaart en welzijn in de zogenaamde ongelukseeuw, in Van Uytven, R. / Bruneel, C. et al. (dirs.), *Geschiedenis van Brabant van het hertogdom tot heden*, Leuven, 2004.

監訳者紹介

藤井美男（ふじい・よしお）

1956 年生まれ。九州大学大学院経済学研究院教授。単著、『中世後期南ネーデルラント毛織物工業史の研究——工業構造の転換をめぐる理論と実証——』（九州大学出版会，1998 年）。共編著，藤井美男・田北廣道『ヨーロッパ中世世界の動態像——史料と理論の対話——森本芳樹先生古稀記念論集』（九州大学出版会，2004 年）。論文，「フランドル伯領・ブルゴーニュ公国における財政システム——中世後期予算観念の萌芽に至る軌跡をたどって——」九州大学大学院経済学研究院政策評価研究会編著『政策分析 2004——国際化・分権化時代の日本経済の存立基盤——』（九州大学出版会，2004 年），他。

〈アールツ教授講演会録〉
中世末南ネーデルラント経済の軌跡
——ワイン・ビールの歴史からアントウェルペン国際市場へ——

2005年5月20日　初版発行

著　者　　エーリック・アールツ
監訳者　　藤　井　美　男
発行者　　福　留　久　大
発行所　　（財）九州大学出版会
　　　　　〒812-0053　福岡市東区箱崎 7-1-146
　　　　　　　　　　　　　　　　　　九州大学構内
　　　　　電話　092-641-0515（直通）
　　　　　振替　01710-6-3677
　　　　　印刷・製本／研究社印刷株式会社

©2005 Printed in Japan　　　　ISBN 4-87378-868-4